Céline Dion

My Heart Will Go On

HELEN M. LANGE

Die Biographie

Ullstein

Steckbrief

Geboren: 30. März 1968
Geburtsort: Charlemagne, Quebec, Kanada
Sternzeichen: Widder, Aszendent Löwe (Chinesisches Tierkreiszeichen: Affe)
Wohnort: Montréal und Florida
Größe: 171 cm
Gewicht: ca. 50 kg (oder weniger)
Haarfarbe: rot-braun
Augenfarbe: braun
Spitzname: La p'tite Quebecoise; das bestgehütete Geheimnis von Quebec
Liebe: René Angélil (Ehemann), ihre Eltern und die 13 Geschwister
Idol: die eigene Mutter, Thérèse Dion, und Barbra Streisand
Lieblingssänger: Stevie Wonder, Michael Jackson
Lieblingssängerin: Natalie Cole, Barbra Streisand, Ginette Reno
Lieblingsschauspieler: Tom Cruise, Paul Newman, Sean Connery
Lieblingsessen: Cous Cous
Lieblingsgetränk: klares Wasser, ohne Kohlensäure
Lieblingsfarbe: schwarz, weiß und rot
Maskottchen: ein Frosch und ein Nickel (ein 5-Cent-Stück)
Glückszahl: fünf
Parfum: Chanel No. 5
Liebstes Hobby: Wasserski
Sammelobjekte: Schuhe
Andere denkbare Karrieren: Model, Schauspielerin
Instrument: Klavier
Vorlieben: Profiteroles (belgisches Feingebäck)
Abneigung: Unaufrichtigkeit
Ängste: Heiserkeit, Verlust der Familie
Gute Eigenschaften: Fleiß, Durchhaltevermögen, Familiensinn
Schlechte Eigenschaften: Ungeduld, totale Selbstverausgabung

Inhalt

Prolog – Das »Herz des Ozeans« 5

Kind Kanadas 8

Teenage-Diva 17

»Geht nicht ohne mich« 32

Die Schöne und Walt Disney 43

Märchenhochzeit und andere Termine 59

Einsame Spitze 76

Die titanische Stimme 102

Träume für Morgen 123

Prolog – Das »Herz des Ozeans«

Die 70. Oscar-Verleihung am 23. März 1998 in Hollywood war einer der ganz großen Tage im Leben vieler. Und es war ein besonderer Tag für die *Titanic*-Crew um James Cameron, deren außergewöhnliche Leistung von den Kinozuschauern ebenso wie von den Juroren der Academy Awards belohnt wurde. Dabei durfte eine Frau nicht fehlen: Céline Dion. Eine Frau, die mit ihrer Stimme den Erfolg des gigantischen Films entscheidend mitbestimmt hat. Sie durfte auf der festlichen Gala das »Herz des Ozeans« tragen, die Nachbildung jener Kette, um die sich die Legende rankt und die zum Aufhänger der im Film erzählten Geschichte wird. Das Zugeständnis an Céline Dion, ihr das 2,2 Millionen Dollar teure Schmuckstück für einen unvergeßlichen Abend auszuhändigen, zeigt bereits die Bedeutung dieser außergewöhnlichen Frau für das gesamte Projekt *Titanic*. Obschon die eigentliche Trägerin des phantastischen Geschmeides, Kate Winslet, ebenfalls für einen Oscar nominiert war und ihr die prachtvolle Kette ursprünglich für den Anlaß versprochen wurde, kam es eine Woche vorher zu der endgültigen Entscheidung für Dion. Ein kleiner Rückschlag für Kate Winslet, für die Oscar-Verleihung jedoch offensichtlich der richtige Tip:

Céline Dion vervollständigte die unglaubliche Sammlung der begehrten Trophäen für *Titanic* mit einem Oscar für den besten Titelsong.

Seit dem Klassiker Ben Hur hatte kein Film so viele Oscars erhalten – elf.

Mittlerweile ist Dions Lied in alle Herzen der Welt gedrungen. Es gibt kaum ein Land, das ihren Song nicht täglich mehrfach spielt. In den USA brach »My heart will go on« sämtliche Rekorde der Radiopräsenz und wurde 105millionenmal in einer Woche gesendet! In den Berliner Radio-Redaktionen melden sich inzwischen Hörer, die bestätigen:

»Ich habe sie heute schon dreimal sinken gehört, die *Titanic*.«

Céline Dions Stimme hat das Drama des jungen Jack Dawson und seiner Geliebten Rose DeWitt Bukater in die Welt getragen, noch bevor der Film in die Kinos kam. Die kanadische Sängerin war auch vor dem Film keine Unbekannte. Im Gegenteil, sie sammelt seit Jahren Auszeichnungen, Ehrungen und Platin-Alben. Wie lange sie sich jedoch schon erfolgreich im Showbiz tummelt, wissen nur die wahren Fans, die ihren Werdegang seit ihrem Grand Prix-Sieg für die Schweiz 1988 verfolgen.

Bereits mit zwölf Jahren legte die Franko-Kanadierin den Grundstein für ihre beispiellose Karriere und hat seitdem kontinuierlich und manchmal bis zur Selbstzerstörung für den Aufstieg gearbeitet. Der heutige Megastar ist kein Zufallsprodukt aus Hollywood, sondern eine »self-made woman« aus kleinen Verhältnissen, die es geschafft hat. Das »Herz des Ozeans« ist eine schwer verdiente, wunderbare Erfüllung des großen Traums, der Céline Dion antreibt.

Dabei verwundert sie selbst am meisten, daß sich mit dem riesigen Erfolg zugleich ihre alte, unvergessene Liebe verbindet: die Liebe zum Wasser, die Liebe zum Meer. Dort hat es sie seit früher Jugend hingezogen, und seit März dieses Jahres wohnt sie in ihrem neuen Haus in Palm Beach, Florida, und kann den Blick auf die Weite des Ozeans täglich genießen. Und vielleicht wandern dann auch ihre Gedanken in die Tiefen der Erinnerung, zu den großen Glücksmomenten ihrer Karriere und ihres Lebens auf den Wogen des Erfolgs. Zu den großen Liebesballaden, in die sie jedesmal aufs Neue ihr ganzes Empfinden legt.

Und obwohl sie schon so unglaublich viel erreicht hat, ebben die Träume und Wünsche einer Céline Dion nicht ab – die titanische Stimme strebt weiter.

Der edle Stein hat unterdessen sein weltliches Äquivalent erhalten: Céline Dion wurde am 1. Mai 1998 mit dem »Order of Canada« ausgezeichnet, dem höchsten Orden der Nation. Er ist eine von der britischen Königin verliehene staatliche Anerkennung und Ehrung außergewöhnlicher Kanadier, die mit ihren herausragenden Leistungen das Leben ihrer Mitbürger bereichert haben. Seit 1967 wurde der »Order of Canada« 3 700mal verliehen. Unter den Trägern in der Musikbranche sind Bryan Adams, Anne Murray, k. d. lang und die kanadische Band Rush.

Die Verleihung der höchsten nationalen Anerkennung in der Rideau Hall in der Bundeshauptstadt Ottawa war zwar nicht mit einer Hollywood-Gala zu vergleichen, dennoch erschien Céline Dion höchstpersönlich, um die Ehrung ihres Heimatlandes entgegenzunehmen. Denn es war nie der äußere Rahmen, der den Wert einer Auszeichnung für Céline Dion bestimmte.

Jeder Orden der Welt wird jedoch unweigerlich überschattet von jenem Glamour, den das von Céline Dion getragene »Herz des Ozeans« ausstrahlte. Daß Céline Dion diesen Glamour schon lange besaß, zeigt ihre Biographie.

Kind Kanadas

Während ihrer vierzehnten Schwangerschaft trällerte die Kanadierin Thérèse Dion, geborene Tanguay, immer wieder ihr damaliges Lieblingslied: Vline Buggys Titel »Céline«, gesungen von Hugues Aufray. So war es keine große Frage, wie das am 30. März 1968 in Charlemagne geborene Mädchen heißen sollte – natürlich Céline. Und noch etwas hatte Mme Dion der kleinen Erdenbürgerin bei ihrem Start mitgegeben: die Liebe zur Musik und zum Instrument der eigenen Stimme. Bereits mit fünf Jahren begann Céline zu singen.

Der Stammbaum der Dions in Quebec reicht zurück bis in die ersten Jahre der Besiedlung des neuen Kontinents. Jean Guyon und Mathurine Robin waren es, die im Jahr 1615 mit acht Kindern ihr Heimatland Frankreich verließen und nach Quebec auswanderten. Bis ins 19. Jahrhundert hinein siedelten die Vorfahren direkt in Quebec City, bevor es sie langsam in ländlichere Gegenden verschlug. Die Eltern Célines jedenfalls, Adhémar Dion und Thérèse Tanguay, heirateten am 20. Juni 1945 in Saint-Zéphirin de La Tuque. Mit ihrer dreizehnköpfigen Kinderschar lebten sie in Charlemagne, ungefähr 50 Kilometer östlich von Montréal. In der Kleinstadt kam auch das vierzehnte Kind zur Welt – Céline.

Die Verhältnisse waren ärmlich. Geld gab es so gut wie nie im Haus. Doch Céline Dion betrachtete ihre Kindheit nie als eine Erfahrung in Armut und Not. Statt dessen hat sie die Wärme, die den vierzehn Geschwistern von den Eltern entgegengebracht wurde, und das gemeinsame Musizieren im Hause Dion als Reichtum und Glück erfahren: »Wir hatten nie Geld, doch ich glaube, wir waren nie arm, denn wir hatten Liebe und Herzlichkeit und Aufmerksamkeit. Ich glaube, daß das Glück dort ist, wo es Musik gibt im Leben. Wir haben also nie irgendeinen Mangel erlitten.«

Dennoch liegt vielleicht in Céline Dions kindlicher Erfahrung der Schlüssel für die ungewöhnliche Hingabe und den fast selbstzerstörerischen Ehrgeiz, die sie bei ihrer Arbeit antreiben. Zum traditionellen Weihnachtsfest im Kreise der Familie jedenfalls überraschte Céline Dion 1996 ihre sämtlichen Geschwister und die Eltern mit jeweils einem Scheck über 100 000 kanadische Dollar, immerhin insgesamt 1,5 Millionen Dollar. So ließ sie die über alles geliebte Familie auch an ihrem finanziellen Erfolg teilhaben, den sie ihr zu einem großen Teil verdankt:

»Ich bin nicht die talentierteste Person in meiner Familie, ich hatte nur am meisten Glück. Ich bin einfach nur mit ihnen allen aufgewachsen in diesem musikalischen Ambiente. Sie haben mir alles beigebracht.«

Zu der Einkaufsliste für das legendäre Weihnachtsfest kamen übrigens noch »kleinere« Aufmerksamkeiten für die zahlreichen Nichten, Neffen und einige Freunde, so daß Célines Ausgaben sich auf rund 2,2 Millionen kanadische Dollar beliefen.

Ihr erstes Konzert veranstaltete Céline Dion für die Familie – noch vor ihrer Einschulung war sie Schülerin der hauseigenen Musikklasse. In der riesigen Familie, die sich zu den Mahlzeiten um einen einzigen Tisch versammelte, spielte jeder mehrere Instrumente, die ständig untereinander ausgetauscht wurden:

»Sie alle standen bereits vor mir auf der Bühne, sie alle haben vor mir gesungen. Meine Eltern tourten regelmäßig mit der Familie. Es half, die Rechnungen am Monatsende zu bezahlen. Aber sie taten es, weil sie es *liebten*. Meine Mutter spielte Geige, mein Vater Akkordeon. Und jeder im Haus spielte jedes Instrument, weil – so wurde es mir erzählt – mein Vater beispielsweise zu einer meiner Schwestern sagte: ›Okay, Ghislaine, du spielst Schlagzeug, und Jacques, du spielst die Gitarre, und Michel, du wirst singen und du, Danielle, du kommst und spielst Baß.‹«

Nachdem die Geschwister eine Weile geprobt hatten, warf Vater Dion das komplizierte, aber unbefriedigende Arrangement wieder um und besetzte die Instrumente neu – »Und deshalb spielt jeder alles«, erklärte die humorvolle Sängerin bei einem Auftritt in der Des O'Connor Show Mitte Januar 1998.

Angespornt von der selbstironischen Erzählung Céline Dions aus ihren Kindertagen, witzelte der Showmaster über den Kinderreichtum der Familie: »Ich glaube, deshalb wart ihr vierzehn. Papa sagte: ›Wir brauchen einen Bassisten!‹«

Ganz so war es freilich nicht. Im Gegenteil, Céline Dion nennt sich selbst den »Unfall der Familie«. Diese Bezeichnung trifft allerdings nicht nur auf die Nachzüglerin zu, denn als ihre Eltern heirateten, wollte Vater Dion überhaupt keine Kinder. Célines Kommentar: »Armer Papa!« Und dann fügte sie noch hinzu: »Ich meine, arme Mama, nicht wahr. Vierzehn Kinder. Ich weiß nicht, wer zu Hause die Hosen anhatte, aber … sie ist der Boß.«

Neun Mädchen und fünf Jungen bevölkerten in diesen Jahren das Haus am nördlichen Ufer des St. Lorenz Stroms.

Als Céline 1968 geboren wurde, war ihre älteste Schwester Denise bereits 22 Jahre alt. Mutter Thérèse Dion feierte zehn Tage vor der Geburt der letzten Dion ihren 41. Geburtstag (* 20.3. 1927). Adhémar Dion ist ebenfalls ein Märzgeborener, allerdings aus dem Jahr 1923 (*2.3.) und somit vier Jahre älter als seine Frau.

Vater Dion genießt mittlerweile den Ruhestand, Célines Mutter organisiert den Haushalt. Beide pflegen einen engen Kontakt mit ihren Kindern. Céline Dion jedenfalls telefoniert noch heute täglich mit ihrer Mutter und sagt:

»Meine Mutter ist die Person, zu der ich aufblicke. Sie ist mein persönliches Idol.«

Einer ihrer Brüder, Michel Dion (* 18. 8. 1952), ist als »Assistant Tour Director« zudem an Célines Arbeit beteiligt. Der jüngere Jacques (* 10. 3. 1955) ist ebenfalls professioneller Musiker, Gitarrist und Komponist, und enger Verbündeter im Job. Die zweite Sängerin der Familie, Claudette (* 10. 12. 1948), hat bereits vier Alben produziert und arbeitet nebenher als Kellnerin.

Von den Zwillingen Pauline und Paul (* 3.4.1962) leitet Pauline als Präsidentin Célines Fanclub, während Paul als Inhaber eines Restaurants in der Gastronomie tätig ist. Immerhin drei der Geschwister traten damit in die elterlichen Fußstapfen, denn auch die elf Jahre ältere Schwester von Céline, Linda (*23.6. 1959), hat sich für diese Tradition entschieden und arbeitet als Managerin eines Restaurants.

Doch das Feld der von der Familie Dion ausgeübten Berufe ist weit: Denise ist Floristin (* 16. 8. 1946), Clement gelernter Blechschmied (*2. 11. 1947). Liette ist Hausfrau (* 8. 2. 1950), Louise arbeitet als Fachverkäuferin für Damenkleidung (* 22. 9. 1953) und Daniel als Dekorateur (* 29. 11. 1956). Ghislaine befaßt sich mit Buchhaltung (* 28. 7. 1958), und Manon leitet ihr eigenes Friseurstudio (* 7. 10. 1960).

Céline Dion begann nicht nur sehr früh zu singen, sie trat auch bald vor Publikum auf. Im *Vieux Baril*, dem kleinen Club ihrer Eltern, halfen die Kinder beim Servieren und musizierten für die Gäste. Célines Bruder spielte Klavier in der Familienbar. So war es keine große Besonderheit, daß schließlich auch die Nachzüglerin ihr Publikumsdebüt auf einem der Restauranttische gab: Céline sang ein Lied von Ginette Reno, einer bekannten quebe-

cischen Sängerin, sie genoß ihren Auftritt so sehr, daß sie sich sofort entschloß, das Singen in Zukunft nicht mehr aufzugeben.

Zur Hochzeit ihres Bruders Michel, am 18. August 1973, sang die kleinste Schwester das Lied »Du fil, des aiguilles et du caton« für die Frischvermählten. Da war sie erst fünfeinhalb.

Die Eltern versuchten, den jüngsten Sproß zu bremsen:

»Meine Eltern hatten eine kleine Bar in einem Restaurant, als ich ungefähr zehn Jahre alt war. Und manchmal am Wochenende habe ich gesungen, aber meine Mutter wollte nicht, daß ich in Clubs singe – Leute rauchen, sie hören nicht zu, sie betrinken sich.«

Doch die elterliche Fürsorge konnte sich nicht durchsetzen gegen die Flut der Interessierten, die ihre Besuche in der Bar von Célines Erscheinen abhängig machten. Trat sie auf, war das Haus voll, stand sie nicht auf dem Programm, kamen spürbar weniger

Gäste. Und was noch wichtiger war, sie kamen, um zuzuhören. Sie kamen wegen der Musik.

Entsprechend früh in ihrem Leben begann Tochter Céline damit, ihren Eltern im wahrsten Sinne in den Ohren zu liegen – mit dem Wunsch, Sängerin zu werden. »Ich will singen«, quengelte sie und ergänzte die Erinnerung daran: »Singen war mein Leben, das wußte ich.« Schließlich nahm ihre Mutter die kleine Céline zur Seite und gab ihr einen gut überlegten Rat, den Céline bis heute nicht vergessen hat und der ihr Wegweiser geblieben ist:

»Céline, ich weiß, du willst singen, aber du mußt es professionell tun, mit deinen eigenen Songs.«

Thérèse Dion wußte, wovon sie sprach. Sie hatte viele Träumer kommen und gehen sehen, sie hatte das Scheitern vieler talentierter Musiker und Sänger erlebt, und sie wollte ihre Tochter nicht zerrieben sehen in einem harten Geschäft, in dem Talent allein nicht reicht. Céline Dion hat gelernt, worauf es außerdem ankommt:

»Du brauchst Unterstützung, du brauchst eine Plattenfirma, du brauchst Leute, die dir Songs schreiben – du brauchst Menschen, die dich unterstützen.«

Damals kam diese erste Unterstützung von der Familie. Eines Tages nahm Thérèse Dion ihre Tochter beiseite, zeigte ihr einen Song, den sie selbst geschrieben hatte, und schlug vor: »Einer deiner Brüder und du, ihr solltet die Musik schreiben.«

Und genau das taten sie:

»Also setzten wir uns hin und schrieben die Melodie,« berichtete Céline Dion. »Und das war der erste Song, den ich aufnahm. Der Titel dieses Songs war ›Ce n'était qu'un rêve‹, was soviel heißt wie ›Es war nur ein Traum‹.«

Doch was sollte mit dieser hausgemachten Komposition passieren?

»Wie machten ein Demo, eine kleine Audiokassette. Unsere Familie hatte eine Lieblingssängerin. Ihr Name ist Ginette Reno, wir sind mit ihr aufgewachsen. Und meine Mutter guckte auf die Rückseite des Plattencovers, da stand ›Ginette Reno, Gesang, produziert von René Angélil‹.«

Mutter Dion beschloß, die Wohnzimmer-Aufnahme an eben diesen Mann zu schicken. Doch Wochen vergingen, und die Familie hörte nichts von Herrn Angélil. Also beschloß Jacques, der mitwirkende Bruder, telefonisch nachzufragen. Es war ein ungewöhnliches Gespräch, das ungeahnte Konsequenzen haben sollte:

»Ja, René, wir haben dir ein Tape geschickt, und ich weiß, du hast es dir nicht angehört, denn sonst hättest du sofort angerufen.«

Diesmal brauchte Céline nicht lange zu warten. René Angélil hörte die Aufnahme, rief zurück und traf die Sängerin zusammen mit ihrer Mutter. Das Vorgehen Thérèse Dions, ihr aus der Erfahrung geborener Professionalitätsanspruch und das konsequente Durchsetzen einer Idee, hat den Grundstein zu Céline Dions Karriere gelegt. Nicht nur, indem sie Céline ernst nahm, sondern indem sie die Ernsthaftigkeit des Vorhabens prüfte und sich im gleichen Maße für die Umsetzung einsetzte hat sie Céline auf den Weg gebracht. Am Beginn dieses Weges standen wesentliche Prinzipien als Meilensteine: Ehrgeiz, Perfektionismus und Hingabe verbunden mit dem Talent einer Einzelnen und der Unterstützung vieler – das waren die Lehren von Thérèse Dion, die bis heute ablesbar sind an Céline Dions Arbeitsweise.

Mutter Dion wachte so lange über ihre Tochter, bis sie die Gewißheit hatte, daß René Angélil nicht nur ein bekannter und einflußreicher Manager in der Musikszene war, sondern ein zuverlässiger und verantwortungsbewußter Mann, dem sie ihre minderjährige Tochter bedenkenlos anvertrauen konnte.

Als sich sieben Jahre nach dem ersten Treffen eine erotische Beziehung anzubahnen begann, da blieb sie ebenso lange ein Geheimnis: Es war eine versteckte Romanze, die erst Jahre später vor dem Traualtar offiziell wurde.

Zuvor jedoch spannte die kindliche Céline ihrer Lieblingssängerin Ginette Reno den Manager aus: Angélil traf die Familie, sobald er das Tape gehört hatte. Der Live-Auftritt Célines im elterlichen Haus überzeugte ihn restlos. Das Mädchen hatte sich seinen Kugelschreiber geschnappt, hielt ihn sich als Mikro vor den Mund und begann ganz selbstverständlich zu singen. Für Angélil war es einer der ganz seltenen Momente in seiner Karriere als Musikmanagers, nicht nur hinsichtlich der großen Zukunft eines solchen Talents, die sich vor seinem inneren Auge auftat. Angélil erlebte den laienhaften Auftritt Céline Dions als persönliche Offenbarung – er weinte.

So eroberte Céline Dion ihren zukünftigen Manager und späteren Ehemann im Sturm. Das »Mikro« verwandelte sich zurück in einen Kugelschreiber, mit dem der Vertrag unterschrieben wurde, und es begann eine Karriere, die nicht auf Quebec oder Kanada begrenzt bleiben sollte.

Teenage-Diva

Von der umschwärmten Sängerin im Nachtclub der Eltern zur international gefeierten Königin des Pop war es noch ein weiter Weg.

Ihre Jugend, die verbunden mit ihrer unglaublichen Stimme bis dahin das Publikum in den Club der Eltern lockte, stellte sich nun ihrem Aufstieg in den Weg. Die Plattenfirmen reagierten deutlich weniger enthusiastisch auf die Aussicht, ein pubertierendes Jungtalent zu fördern, als René Angélil. Aber die eigene Reaktion auf ihren Charme und ihren Gesang überzeugte Angélil so fest von der Zukunft dieses Kükens, daß er eine Hypothek auf sein Haus aufnahm, um die Produktion ihrer ersten CD zu finanzieren.

Seine ungeheure Risikobereitschaft zahlte sich bald aus. Schon mit ihren ersten zwei Alben, *La voix du bon dieu* und einer Einspielung von Weihnachtsliedern, *Céline chante noël*, verschaffte sie sich Geltung als – im wahrsten Sinne des Wortes – kleine Sensation.

Liebevoll nannten ihre Landsleute sie »la p'tite Québecoise«, die kleine Quebecerin.

Der französische Songschreiber Eddy Marnay, der unter anderem mit Edith Piaf, Nana Mouskouri, Yves Montand und Barbra Streisand arbeitete, schrieb 1981 das Repertoire eines ganzen Albums für die noch unbekannte, blutjunge Céline. Erstmals komponierte er auch die Musik zu seinen Songs, mit denen er Dion in Frankreich vorstellte.

Als er das Demoband hörte, das Céline an René Angélil geschickt hatte, entfuhr dem staunenden Profi der Ausruf »C'est la voix du bon dieu« – »Das ist die Stimme Gottes!« – der spätere Titel des Albums.

Gleichzeitig begann die Werbung für *La voix du bon dieu*, und Céline Dion bestritt dreizehnjährig ihren ersten Auftritt im Fernsehen, in der beliebtesten Talkshow Quebecs. Souverän sang sie den Titelsong und machte deutlich, wo ihre große Stärke und Begeisterung lagen: im öffentlichen Auftritt und im Kontakt mit ihrem Publikum.

Noch im selben Jahr, im Dezember, kam die Weihnachtsplatte heraus. Mit wenig Aufwand sollten beide Alben ein möglichst großes Publikum erreichen. Die finanzielle und zeitliche Enge war offensichtlich: Die Bilder auf den Covers stammten von einem einzigen Fototermin.

Im Folgejahr 1982 kam erneut ein Album heraus, *Tellement j'ai d'amour*, und auch in Frankreich erschien erstmals eine Single. Im Juli machte sich Dion persönlich auf nach Frankreich und unternahm ihre erste Promotionsreise nach Paris.

Texter Eddie Marnay und der Verleger Claude Pascal stellten Céline Dion unterdessen ihre professionelle Arbeit zur Verfügung, und gemeinsam produzierten sie die zwei neuen Singles »Ce n'était qu'un rêve«, das Lied der Familie Dion, das René Angélil zum Weinen gebracht hatte, und »D'amour ou d'amitié«.

Schon in diesem zweiten Jahr ihres Schaffens erntete Céline Dion mehr als Lob und Anerkennung. Sie sang ihren Titel »Tellement j'ai d'amour« vor 115 Millionen Fernsehzuschauern auf dem Yamaha World Song Festival in Tokio. Fast 2000 Teilnehmer und 30 Finalisten hatte sie am Ende vor 12 000 Zuschauern ausgestochen. Als Repräsentantin Frankreichs gewann die 14jährige mit dem Lied von Eddy Marnay die Goldmedaille für den besten Song und zudem den Preis als beste Künstlerin.

Bei ihrer Ankunft daheim empfingen sie begeisterte Fans, und sogar der damalige Premier von Quebec, René Levesque, erschien zur Begrüßung am Flughafen.

Am kanadischen Vortag des Weihnachtsfestes, am 24. Dezember, erhielt Céline Dion eine Auszeichnung des Bürgermeisters ihrer Heimatstadt mit folgendem zukunftsweisenden Wortlaut:

»Als Ehrung und Anerkennung für Céline Dion für die große Ehre, die sie ihrem Land, ihrer Provinz und ihrer Heimatstadt durch ihren großen Erfolg auf dem Gebiet des Gesangs und als internationaler Star erwiesen hat.«

Kurz darauf, im Januar 1983, fand die alljährliche Internationale Musikmesse MIDEM in Cannes statt, die zu den wichtigsten Ereignissen in der Musikbranche zählt. Sie ist Kontaktbörse und Erfolgssprungbrett in einem. Neue Namen und Talente werden hier gehört und gehandelt.

Céline Dion galt als *die* Neuentdeckung des vergangenen Jahres in Kanada und durfte ihr Land auf der Messe vertreten. Vor einem ausschließlich professionellen Publikum sang sie ihren Song »D'amour et d'amitié« und ging als strahlende Siegerin von der Bühne.

Die Fernsehauftritte für Dion mehrten sich. Und in den Folgemonaten fiel eine Entscheidung, die schließlich die gesamte Laufbahn prägte: Zum ersten Mal sang Céline Dion auf einem Benefiz-Konzert der Mukoviszidose-Stiftung von Quebec. Nachdem sie im Jahr zuvor die Position als Schirmherrin der *Association québecoise de la fibrose kystique* (AQFK) angenommen hatte, gestaltete sie nun erstmals ein Solo-Konzert in der Hauptstadt Quebecs, begleitet von dem Orchestre Métropolitain du Grand-Montréal – ein Engagement, dem sie in all den kommenden Jahren ihres schwindelerregenden Aufstiegs nie eine Absage erteilen würde.

Das Anliegen der Mukoviszidose-Stiftung, die Erforschung von neuen Therapien zu fördern und zu einer effektiven Kontrolle der als cystische Fibrose oder CF bekannten Krankheit zu gelangen, teilt Céline Dion aus persönlichen Gründen und ganzem Herzen:

Die Sängerin bindet seit jeher ein besonders enges Verhältnis an ihre Schwester Liette. Die Beziehung zu deren Tochter Karine, Céline Dions Nichte, war entsprechend liebevoll und innig. Doch Karine litt unter Mukoviszidose, einer tückischen Erbkrankheit.

Diese Stoffwechselkrankheit, eine Schleimbildungsstörung, ist relativ häufig. Die Ausscheidungen aller schleimbildenden Drüsen bei Mukoviszidose-Kranken sind nicht dünn- sondern zähflüssig. Das führt zu starken, chronischen Beschwerden, irreparablen Organschäden und in schweren Fällen zum Tode.

Noch vor fünfzehn Jahren wurden Mukoviszidose-Patienten kaum älter als zwölf Jahre. Heute leben die Betroffenen infolge der verbesserten therapeutischen Möglichkeiten wesentlich länger. Es stehen neue Instrumentarien zur Verfügung, um den Verlauf der Krankheit zu verbessern. Doch auch sie versprechen keine Heilung, sondern nur eine relative Linderung des weiterhin beschwerlichen Verlaufs.

Zur Zeit der Erkrankung von Céline Dions Nichte war selbst diese Besserung noch Utopie. Der 1982 aufgenommene und seitdem mit großer Hingabe geführte öffentliche Kampf Céline Dions hat unzählige Wege geöffnet, die inzwischen vielen zugute kommen. Ihre acht Jahre jüngere Nichte Karine allerdings konnte die engagierte Sängerin nicht retten. Sie starb 1993 im Alter von sechzehn Jahren im Beisein ihrer Tante und Freundin Céline.

Seitdem hat Céline Dion nicht aufgehört, auf das Thema CF aufmerksam zu machen und die Dringlichkeit aller Bemühungen zu unterstreichen. Wie ein roter Faden zieht sich ihr Engagement durch die Jahre ihres Aufstiegs, in denen sie ihre Nichte nie vergessen hat. Auf dem erfolgreichen Album *D'Eux* richtete sie ihre Erinnerung direkt an Karine:

»Ich liebe dich, Karine, du bist immer bei mir und wirst es immer sein.«

Auch der Song »Vole« gilt der geliebten Nichte. Er ist ein Gedenken und ein Abschied, getragen von dem Schmerz der Trennung und voller Hoffnung auf ein Wiedersehen. Es ist eines der wahrhaftigsten und gefühlvollsten Lieder aus Céline Dions Repertoire, in dem sie singt:

»Verlaß unsere einsame Welt, flüchte aus Leid und Schmerz, und fliege, kleines Geliebtes, bis wir uns wiedersehen. Geh nun, und finde das Licht.«

Für das Erfolgsalbum *Falling into you* hat Céline Dion den ins Englische übersetzten Titel als »Fly« erneut aufgenommen. Er ist mit einer liebevollen Nachricht unterzeichnet: »Karine ... Ich bin heute bei dir, und immer.«

Auch in Deutschland ist man inzwischen auf das Thema aufmerksam geworden. Die deutsche Mukoviszidose-Stiftung unter der Schirmherrschaft von Christiane Herzog, Ehefrau des amtierenden Bundespräsidenten, hat ähnliche oder gleiche Ziele. Das Anliegen CF hat internationalen Stellenwert erreicht.

Doch CF ist nicht der einzige gute Zweck, für den sich die berühmte Sängerin engagiert. Im Gegenteil, im Laufe ihrer Karriere nahm sie bereits an diversen Benefiz-Einspielungen und -Konzerten teil, unter anderem für AIDS-kranke Kinder und gegen den Hunger in Äthiopien. Sie unterstützt den Diana Princess of Wales Memorial Fund

und setzt ihren Namen für die T. J. Martell Foundation, die kanadische Leukämie-Stiftung, ein.

Die T. J.-Martell-Stiftung ist eng mit der Branche verbunden. Im Jahre 1975 hatte der Musikmanager Toni Martell seinen Sohn an die Krankheit verloren und die Stiftung ins Leben gerufen. Mit dieser Stiftung verbindet Céline Dion allerdings auch eine ganz persönliche Erfahrung, diesmal nicht geprägt von Leid, sondern von Freude: Der Ehrenvorsitzende der T. J.-Martell-Stiftung, Dave Glew, ist ihr Plattenboß. Bei ihm bedankte sie sich auf einer Galaveranstaltung des Hauses vor versammelter Mannschaft mit dem eigens für ihn umgedichteten Beatles-Song »Hey Dave«. Denn der Chef des Sony Labels Epic Records hat die Teenage-Diva von der kanadischen Provinzbühne in die Arenen der ganzen Welt geführt und begleitet.

Während Céline Dion ihre Arbeit in der Öffentlichkeit in allen Bereichen aufnahm, trat auch die Öffentlichkeit an sie heran. Und dabei fiel bereits ein Rekord:

Zum ersten Mal in der Musikgeschichte überhaupt schaffte es eine Kanadierin, eine Platte in Frankreich mit Gold veredeln zu lassen.

Mit dem Verkauf von über 500 000 Exemplaren ihrer Single *D'amour ou d'amitié* qualifizierte sich Céline Dion für eine Goldene Schallplatte. Am 1. September 1983 erhielt sie die Anerkennung und eine Woche später, am 7. September, das für sie wohl noch begehrenswertere Quebecer Gold für die Single *Tellement j'ai d'amour*. Quebecisches Gold wird erst bei einem Verkauf von über 700 000 Exemplaren verliehen. Die Übergabe in der berühmten Michel Jasmin-Talkshow verfolgte halb Quebec.

Doch die größere Ehrung brachte die festliche Gala der »Association du Disques et de l'Industrie du Spectacle Quebecois«

(ADISQ). Diese alljährliche Veranstaltung der Musikszene Quebecs sollte nur den Auftakt bieten für die Dominanz einer einzigen Sängerin in den folgenden Jahren. Céline Dion siegte in vier Kategorien und erhielt viermal den Félix, einen hochangesehenen Musikpreis der Provinz Quebec, unter anderem als beste weibliche Interpretin des Jahres.

In Zukunft würde die Gala der Félix-Verleihung ohne Céline Dion undenkbar sein.

In Quebec gab es für die junge Sängerin bereits kein Halten mehr. Sie veröffentlichte ihr viertes Album, *Les chemins de ma maison*, und zum Ende des Jahres ein weiteres Weihnachtsalbum. Auch in Frankreich gab sie ein Album heraus, *Du soleil du cœur*. Außerdem erschien in Frankreich die Single *Mon ami m'a quittée*. Die Zahl der Veröffentlichungen stieg ebenso rasant wie deren Verkauf.

An diesem Punkt entschied Céline Dion sich ohne wenn und aber und ohne Rückversicherung für ihre Karriere als Sängerin. Sie verließ vorzeitig die Schule. Ein Schritt, der die letzten Weichen stellte.

Bis heute empfindet sie diese Entscheidung als richtig und bereut ihr Vorgehen nicht. Nie versteckte sie sich hinter publikumswirksamen Empfehlungen an die Jugend, besser die Schule zu beenden:

»Ich bin froh, daß ich es getan habe, denn ich habe mich in der Schule nicht sehr wohl gefühlt. Ich habe es gehaßt. Ich konnte nicht lernen. Ich träumte und konnte mich nicht konzentrieren, weil ich Zeug lernte von dem ich wußte, daß ich es nicht brauchen würde.«

Die Schule, die sie dann mit aller Hingabe besuchte, ist für sie bis heute die relevantere Erziehung: »Ich gehe in die Schule des Lebens, und ich lerne wesentlich mehr.«

Viel schwieriger, als die ohnehin verhaßte Schule oder die eigene Kindheit aufzugeben, war es, die Familie zu verlassen, den wichtigsten Rückhalt in ihrem Leben. Doch sie wollte nach ihrem Traum greifen.

»Ich vermißte meine Familie und mein Zuhause, aber ich bereue den Verlust meiner Kindheit nicht. Ich hatte den einen Traum: Ich wollte Sängerin werden.«

Entsprechend wenige Freunde aus alten Tagen sind geblieben. Nur eine Freundin aus der Kindheit, Isabel Duclos, trifft die Diva ab und an im Anschluß an heimatliche Auftritte in Montréal. Dann kommt die ehemalige Nachbarin hinter die Bühne in die Garderobe, und die Freundinnen verbringen ein wenig Zeit zwischen den Terminen miteinander. Mehr ist nicht geblieben von einer Kindheit im Jetset, einem Erwachsenwerden, das sich vor allem an den Ansprüchen des Showbiz messen lassen mußte und in nichts den herkömmlichen Erfahrungen eines normalen Teenagers ähnelte. Doch die wiederum teilte Dion nicht:

»Ich kenne doch gar nichts anderes als meine Arbeit seitdem ich zwölf bin. Deshalb kann ich gar nicht sagen, ob ich etwas vermisse. Ich habe mich aber nie nach einem anderen Leben gesehnt, weil ich die Musik über alles liebe.«

So war das Erfolgskonzept Céline Dions nicht wirklich kompliziert: Talent, gute Kontakte, professionelle Schreiber und vor allem Arbeit, Arbeit, Arbeit. Ihr Maßstab war von Anfang an die Perfektion. Ihr Manager René Angélil hat sie in diesem Bestreben hundertprozentig unterstützt.

Doch was treibt jemanden wie Céline Dion an? Woher nimmt sie den grenzenlosen Ehrgeiz, der für das Gelingen eines solchen Unternehmens die Grundlage ist? Sicherlich reicht der Verweis auf ihren frühen Kindheitstraum, ein internationaler Star zu werden, als Antwort nicht aus. Auch dieser Wunsch ist bereits das Ergebnis einer treibenden inneren Kraft, die als außergewöhnlich gelten muß.

Eine Erklärung liegt fraglos in der von ihr so geliebten Familie, in der nicht erlittenen, aber doch deutlich gespürten Armut ebenso wie in Célines Rolle als Nachzügler unter vierzehn Geschwistern. Die Anzahl der Familienmitglieder könnte ein entscheidender Impuls für Céline Dions Werdegang sein. Der geschwisterliche Kampf um die Anerkennung der Eltern, das Ringen um ihre Liebe und Zuwendung, die sich auf so viele verteilen muß, und der schwierige Versuch, sich unter den vielen eine Nische zu sichern, eine Besonderheit an sich selbst auszumachen, die die Individualität in der Gruppe unterstreicht – diese Bemühungen sind typische und normale Verhaltensnormen unter Geschwistern. Je größer die Familie ist, desto schwieriger wird die Suche nach einem eigenen Platz, desto kleiner wird der Anteil an den stets begrenzten Resourcen der elterlichen Zuwendung. Der Zuspruch und die Anerkennung für den einzelnen müssen zwangsläufig rarer, die Anteilnahme an den Erfolgen weniger ausgiebig sein, als in einer Kleinfamilie.

Die Position des Nesthäkchens, der Jüngsten im Clan, erschwert die Dinge noch. Die Kehrseite des Schutzes, den die älteren Geschwister bieten, ist die ständige Erfahrung, die Dinge, die jene können, selbst noch nicht zu beherrschen. Und es ist immer auch ein Kampf, überhaupt ernst genommen zu werden und Beachtung für die eigenen Belange zu erhalten.

»Ich rede zuviel. Aber, sehen Sie, ich komme aus dieser großen Familie – vierzehn Kinder – ich bekam nie wirklich eine Chance zu reden. Aber jetzt bin ich dran.«

Mehrfach hat die quirlige Céline darauf hingewiesen, wie schwierig es für sie als Jüngste war, sich überhaupt Gehör zu verschaffen.

Vielleicht ist dies keine Begründung ihrer Redelust, vielleicht ist es überhaupt der Grund für die professionelle Ausbildung ihrer Stimme, die ihr nicht nur zu Hause die Möglichkeit verschaffte, gehört zu werden, sondern der mittlerweile Millionen lauschen. Der Ehrgeiz, mit dem sie ihr Ziel all die Jahre verfolgte, und der Perfektionismus, mit dem sie unerbittlich an sich arbeitete, waren die erfolgreichen Instrumente auf dem Weg zu dieser lang ersehnten Aufmerksamkeit.

Ihr Manager hat zudem dafür gesorgt, daß all die investierte Arbeit mit den richtigen Strategien die Öffentlichkeit erreichte – eine Aufgabe, deren Relevanz in Zeiten medialer Image-Kreationen und Pop-Ikonen wohl kaum noch jemand leugnet.

Dem Musiksender VH-1 sagte Céline Dion bezüglich der Vermarktungsstrategien in England:

»Ich habe keine Pläne. Aber ich denke, man muß wissen, daß ich es ganz allein, nur für mich, nicht schaffen kann. Talent ist nicht genug. Ich habe ein unglaubliches Team hinter mir, voller Unterstützung und Liebe, und Sony Music, sie alle leisten ungeheuer viel. Außerdem habe ich den besten Ehemann und den besten Manager der Welt. Und er achtet darauf, daß ich die richtigen Leute treffe, und daß ich von den richtigen Leuten umgeben bin. Sie haben die Pläne – sie wissen, wie es funktioniert, wann für was der richtige Zeitpunkt ist, mit welchem Song und so weiter. Ich wähle das Material, ich suche die Songs aus, aber welche Single zuerst herauskommt, welche als zweite – das weiß ich nicht.«

Das Interesse in Kanada an der jungen Céline war inzwischen immens. TV- und Radiostationen sendeten »Specials« und verlangten Interviews. Neben allen Terminen widmete Céline Dion sich dennoch besonders ihren Konzerten: In den alten Häfen von Montréal und Quebec City trat sie 1984 vor Tausenden von Zuschauern und historischer Kulisse auf. Und am 11. September sang sie im Olympiastadion von Montréal vor 65 000 Besuchern und Papst Johannes Paul II. das Lied »Une Colombe«, eine Taube – der vorläufige Höhepunkt ihrer Karriere.

In Frankreich erschien die vierte Single (»Mon rêve de toujours«), und Céline Dion kam nach Deutschland. Damit nicht genug, sie sang zudem auf deutsch. »D'amour ou d'amitié« wurde ins Deutsche übersetzt und erschien unter dem Titel »Was bedeute ich dir«. Somit war deutsch der erste fremdsprachige Versuch, den Céline Dion unternahm, bevor sie einige Jahre später zu englisch wechselte.

Die deutsche Öffentlichkeit hat es dem kanadischen Star jedoch nicht recht gedankt: Nicht nur ihre erste Single ging mehr oder weniger auf dem deutschen Markt unter, auch ihre weiteren Erfolge blieben hierzulande nahezu unbemerkt. Im Grunde war Céline Dion mit ihrem 1996 erschienen Album *Falling into you*, mit dem sie weltweit für Furore sorgte, in Deutschland eine absolute Neuentdeckung.

»Meine Karriere ging immer langsam, aber stetig voran. Das war auch gut so. Wer weiß, wie sich meine Persönlichkeit entwickelt hätte, wenn ich gleich berühmt geworden wäre. So habe ich mir alles hart erarbeitet und eine Stufe auf der Leiter nach der anderen genommen.«

Nur wenige treue Fans beobachteten ihren Werdegang seit den späten achtziger Jahren und ihrem Auftritt beim Grand Prix Eurovision in Dublin 1988. Doch von einem nennenswerten Bekanntheitsgrad konnte lange nicht die Rede sein. Als eines der letzten Länder hat die deutsche Öffentlichkeit auf das Dion-Phänomen reagiert. Selbst die kritischen Briten, die es Newcomern bekanntlich nicht leicht machen, boten ihr lange vorher eine Plattform.

Zeitgleich erschien in Quebec die erste Sammlung bisheriger Hits, deren Erlöse zum Teil der Mukoviszidose Stiftung zuflossen, und das sechste Album *Melanie*. Außerdem veröffentlichte Dion ein neues Album in Frankreich – *Les oiseaux du bonheur*. Und auch in den Niederlanden startete die Quebecer Single »Mon rêve de toujours«.

Die Alben-Produktion der Siebzehnjährigen hielt auch 1985 unverdrossen an. Ihr achtes Quebecer Album – *C'est pour toi* – und eine erste Live-Aufnahme von *Céline Dion en concert* mit dem Song »Over the rainbow« von Judy Garland aus dem Film *Der Zauberer von Oz* erschienen. Dion weitete ihr Engagement für die gute Sache aus und sang anläßlich der Hungerhilfe für Äthiopien für das Album *Les yeux de la faim*, dessen Erlös helfen sollte, die Folgen der afrikanischen Hungerkatastrophe zu mildern.

Auch mit ihrer Schwester Claudette bestritt sie 1985 eine Aufnahme, das Duett »Vois comme c'est beau«, veröffentlicht auf dem Album *Hymne à l'amour* der Schwester.

Die fünf Félix Awards am Ende des Jahres gehörten schon fast zur Routine, die Arbeit an dem Soundtrack zu einem Kinderfilm dagegen eröffnete neue Dimensionen. Dion sang sowohl auf französisch als auch auf englisch, und *The peanutbutter solution* bot die erste Gelegenheit für Céline, mit der großen Traumfabrik der Filmindustrie in Verbindung zu treten. Die Ausweitung diese Kontakts sollte in den kommenden Jahren elementare Bedeutung für ihre internationale Karriere gewinnen. Vorerst ermöglichte ihr diese Arbeit, ein erstes Video zu inszenieren.

Dions Erscheinen auf der Gala der ADISQ zur Vergabe des Quebecer Musikpreises in verschiedenen Kategorien, war nun ein absolutes Muß. Wieder räumte sie ab und ging mit fünf ersten Plätzen nach Hause.

Doch es fehlte noch immer die entscheidende Nuance zum internationalen Durchbruch, und der Teenager Céline Dion machte sich für achtzehn Monate rar, um englisch zu lernen und ein neues Image zu kreieren. Es war eine erfolgreiche Häutung, der sich Céline Dion im Jahre 1986 unterzog, und aus der sie als junge Frau hervorging. Ihr Aussehen war aufgepeppt und frecher als zuvor. Aus dem etwas altbackenen Mädchen aus der Provinz pellte sich die burschikose, selbstbewußte neue Céline, die sich allerdings in puncto Arbeitsauffassung und Gesang treu blieb.

Viel später formulierte sie aus dieser Erfahrung eine Lebensmaxime und riet all ihren Fans:

> **»Glaubt an euch. Lernt zu kämpfen. Bleibt ehrlich gegenüber euch selbst.«**

Das Repertoire der Stücke und Musikrichtungen, die sie interpretierte, war beträchtlich gewachsen. Es schien der richtige Zeitpunkt gekommen, auch das Repertoire der Persönlichkeit Céline Dions zu erweitern. Und es ist ihr gut bekommen.

Trotz des Rückzugs erschienen in Quebec weiterhin Alben der jungen Sängerin. Bereits die zweite Sammlung der *Chansons d'or*, der vergoldeten Songs, wurde zusammengetragen und die neue Single *Billy* sorgte dafür, daß Céline Dion während ihrer Abwesenheit nicht in Vergessenheit geriet.

Es ist ein erstaunlicher Umstand, daß Céline Dions Erfolg stetig wuchs, ohne von den einschneidenden körperlichen und psychischen Veränderungen, die die Jahre des Erwachsenwerdens bedeuteten, sichtbar belastet zu sein. Statt dessen stieg die Popularität der jungen Diva ohne Störungen mit jedem weiteren Song in neue Höhen, ebenso wie die Anzahl der von ihr gewonnenen Félix-Trophäen und Juno Awards, der kanadischen Grammys, die bald als landesweite Auszeichnungen hinzukommen sollten.

»Geht nicht ohne mich«

Doch in Europa stockte die Karriere. In Frankreich wollte kein rechter Hit mehr gelingen, das Image als braves Mädchen hatte sich verbraucht. Diesem Image entsprachen auch die Titel, die mit großer Orchestrierung den Traum von der ebenso großen Liebe besangen. Obwohl Céline Dions Präsenz unumstritten und ihr Gesang herausragend waren, lagen ihre Lieder nicht im Trend.

Auch die Hoffnung auf Veränderung durch das neue Label Carrère, bei dem Céline Dion 1987 einen Vertrag abschloß, erfüllten sich nicht. Der neue Autor und Hitschreiber Didier Barbelivien änderte an dem Tief nichts. Er schrieb den Titel »La réligieuse« für Céline Dion, ohne ihr damit zum Durchbruch zu verhelfen.

Dions Erfolg in Kanada reichte zwar schon für eine erste »Best of«-CD, aber die internationale Aufmerksamkeit ließ auf sich warten.

Es fehlte nicht nur der ganz große Song, sondern auch der ganz große Auftritt, als sich im Folgejahr eine Möglichkeit ergab, die bereits vielen Tür und Tor geöffnet hatte: Es winkte eine Teilnahme beim Grand Prix.

Der Grand Prix Eurovision de la Chanson von 1988 war das 33. Schlagerfestival seit Beginn des europäischen Wettsingens. Ausgerichtet vom Siegerland des Vorjahres, Irland, fand der Streit der Sänger in jenem Jahr in Dublin statt. Am Sonnabend, den 30. April 1988 traf sich die Elite der europäischen Schlagerinterpreten. Einundzwanzig Nationen waren vertreten, alle wichtigen Personen der Musikbranche erschienen entweder persönlich oder ließen das Ereignis beobachten. »Jeder ist dort«, bemerkte Céline Dion noch Jahre später in einem Interview verwundert. Denn für die Insider ist seit langem klar, daß hier nicht unbekannte Sternchen plötzlich und unerwartet die Chance erhalten, zu funkelnden Sternen im Showbiz zu werden, sondern daß die Interpreten durchweg Profis sind, deren Talent unbestritten ist und deren Bekanntheitsgrad durch den Wettbewerb enorm gesteigert wird.

Ohne zu wissen, was dieser Grand Prix eigentlich genau sein sollte, bewarb sich Céline Dion um ihre Teilnahme. Ihr Management hatte sie auf den europäischen Auswahlkampf aufmerksam gemacht und sich um ihre Teilnahme am Vorentscheid bemüht. Und zwar als Repräsentantin für die Schweiz. Denn die Eidgenossen hatten großes Interesse an Dions Stimme signalisiert. Sie luden die Kanadierin zur nationalen Vorentscheidung ein, und sie gewann. »Es war etwas seltsam, denn ich kannte dieses Land gar nicht«, meinte die verblüffte Sängerin später. Neun andere Bewerber, und damit die gesamte originär Schweizer Konkurrenz, hatten das Nachsehen.

Und auch die Preisrichter der europäischen Länder wickelte Céline Dion um den Finger. Während die deutschen Vertreter Maxi & Chris Garden bei ihrem Auftritt angeblich durch einen überraschenden Knall aus dem Takt und um ihre Chance gebracht wurden und mit ihrem »Lied für einen Freund« nur einen enttäuschenden 14. Platz belegten (48 Punkte), brillierte die junge Kanadierin mit einem makellosen Vortrag. Die Schweizerin Nella Martinetti hatte ihr ein Lied zur Musik von Attila Sereftug geschrieben. Es hieß »Ne partez pas sans moi« – Geht nicht ohne mich –, und Céline Dion blieb damit nicht im irischen Regen stehen.

Doch die Endausscheidung wurde spannend. Damals bewertete noch eine ausgewählte Jury die präsentierten Leistungen der Künstler. Und sie ließen Céline Dion mit dem englischen Vertre-

ter Scott Fitzgerald und seinem Hit »Go« ein Kopf-an-Kopf-Rennen ausfechten, das tatsächlich erst mit der allerletzten Punktvergabe durch Jugoslawien entschieden wurde.

Mit 137 Punkten und einem einzigen Punkt Vorsprung siegte eine zu Tränen gerührte Céline Dion vor sechshundert Millionen Fernsehzuschauern.

Sie hatten alle die Live-Präsentation des mädchenhaften Stars auf ihren Bildschirmen verfolgt. Mit einem Schlag kannte ganz Europa ihren Namen, und sogar in die damalige UdSSR, den Nahen Osten, Japan und Australien drang das Echo und weckte die allgemeine Aufmerksamkeit. Lediglich die direkten Nachbarn der Franko-Kanadierin, die USA, hielten sich weiterhin zurück und beachteten das junge Talent nur zögernd.

Sie wirkte geradezu überwältigt und freute sich riesig, obwohl sie bis heute immer wieder betont, keine Ahnung von der Bedeutung des Grand Prix gehabt, ja, nicht einmal von diesem europäischen Schlagerwettbewerb gewußt zu haben.

Im Moment des Sieges und der spontanen Freude darüber ging es jedoch nicht darum, die Tragweite dieses Ergebnisses einzuschätzen. Céline Dion jubelte über einen weiteren Sieg, wie sie über all ihre Siege und kleinen und großen Schritte auf ihrem Weg nach oben gejubelt hatte: »Ein Wahnsinn! Das hätte ich mir wirklich nicht träumen lassen.«

Wie groß dieser Schritt in Dublin tatsächlich war, wurde ihr erst im Nachhinein bewußt. Die Drittplazierten, Hot Ice aus Dänemark, lagen mit 92 Punkten weit abgeschlagen hinter den beiden Favoriten, und niemand redete über Winfried, den Vertreter Österreichs, der mit sage und schreibe null Punkten und dem letzten Platz Dublin und die Schlagerszene verließ. Aber Céline Dion war in aller Munde. In Kanada stand ihr Name bereits für Talent, Erfolg und Ruhm. In Europa dagegen fing gerade erst alles an, und der Sieg auf der grünen Insel wirkte wie ein Beschleuniger:

»Das glücklichste Jahr war 1988, als mir der Grand Prix Eurovision alle Türen öffnete«,

sagte die Sängerin noch knapp zehn Jahre später, 1997, auf dem vorläufigen Höhepunkt ihrer Karriere. Doch ganz verstanden hat sie das alles bis heute nicht:

»Ein Land wollte, daß ich es vertrete. Ich war ein wenig überrascht, ich habe es nicht verstanden, denn ich war Kanadierin. Sie müssen *sie* fragen, warum ich genommen wurde. Ich weiß das nicht, aber ich war ziemlich geehrt. Ich sagte zu. Dort habe ich die ganze Welt getroffen.«

Noch einmal trat Céline beim Grand Prix Eurovision auf: Zum Auftakt der Veranstaltung von 1997 in Dublin drückte Céline per Satellit ihren Dank aus. Zusammen mit den ehemaligen Teilnehmern Abba, Cliff Richard und Julio Iglesias, die einst ihre Karrieren mit dem Sängerwettstreit gestartet hatten, wünschte sie den aufgeregten Interpreten viel Glück.

In Frankreich kam die neue Produktion *Incognito* heraus, während in Deutschland zunächst das Album *Vivre* erschien. Die Titelflut stieg unaufhörlich an. Die einzelnen Singleauskopplungen in den verschiedenen Ländern waren bald ein komplizierter Schlachtplan, beherrscht von professionellen Marketingstrategien.

Schon 1989 wechselte Céline Dion nach ihrem ersten Plattenvertrag bei EMI zu Sony, einem Branchenriesen, und unterschrieb einen internationalen Sieben-Jahres-Vertrag über fünf Alben, den sie in der Hälfte der vereinbarten Zeit erfüllte. Noch einmal drückte Céline Dion die Schulbank und verbesserte ihr Englisch. Die Vorbereitungen für den internationalen Durchbruch waren sehr gezielt. Zwischen der Berlitz-Sprachschule und den Einspielungen dreier Duetts, eines davon wiederum für einen Film, galten alle Schritte der Eroberung des ganz großen Marktes. Die Häutung aus dem Jahr 1986 auch auf ihr Image und ihre Musik zu übertragen, das war die vorrangige Aufgabe:

»Als ich meine erste Tour durch die Provinz Quebec machte, war ich vierzehn Jahre alt, und natürlich konnte ich kein Englisch. Ich sang auf französisch, meine ganze Show war in französisch, und ich nahm einen englischen Song mit auf – den kennen Sie – ›What a feeling‹, von Irene Cara aus dem Film *Flashdance*. Es war wunderbar. Alle tanzten, klatschen. Ich verstand damals kein Wort von dem, was ich sang. Und da ich wußte, daß ich eine internationale Karriere wollte sagte ich mir: ›Ich sollte meine Sachen packen und zur Schule gehen und Englisch lernen.‹«

Sie nahm nicht nur das Lernen, sondern auch den Schulbesuch freiwillig wieder auf, um den amerikanischen Markt zu erobern. Sie entschied sich für einen regulären Englischunterricht in einer regulären Schule. Céline Dion beugte sich der Aufgabenstellung ihrer Karriere – mit durchschlagendem Erfolg:

»Ich habe nicht diese Kassetten benutzt, sondern ich bin zwei Monate lang zur Schule gegangen, jeden Tag ... Neun bis fünf, fünf Tage die Woche. Ich hatte einen Lehrer, und sie haben nur englisch mit mir gesprochen. *Nichts* habe ich verstanden.«

Aber der Frust währte nicht lang: »Jeden Tag lerne ich neue Wörter, es geht voran.«

Für das neue Album wurde die Mitarbeit der Star-Produzenten David Foster und Neil Christopher geworben, unter deren Regie Céline Dions erste englischsprachige Einspielung entstand. Nichts blieb dem Zufall überlassen.

Erst während dieser Arbeit gelang es, die neue Céline Dion tatsächlich zu etablieren. *Unison* brachte den Durchbruch.

Nicht nur die Sprache war verändert, auch die Interpretationen und die Arrangements zeigten neue Seiten des wunderbaren Talents. Hingebungsvoll schmetterte Dion ihre Liebesballaden und trieb sie zu einer Intensität, die sie bis dahin in ihren Stücken nicht erreicht hatte. Ihre Stimme ließ ihre Ziele ahnen: Da war ein Hauch Barbra Streisand, eine Nuance Liza Minnelli, erinnerte sie nicht hier und da an Whitney Houston? Gestartet im April 1990 in Kanada, ging das Album in sechzehn Länder, wo es sich insgesamt über zweimillionenmal verkaufte.

Insgesamt amerikanisierter und auf den Geschmack des US-Publikums modeliert, sollte das Album endlich auch den Durchbruch im südlichen Nachbarland bringen. Sie schaffte es. In den USA gewann *Unison* nicht nur die lang ersehnte Aufmerksamkeit, sondern die erste Goldenen Schallplatte für über eine halbe Million verkaufter Exemplare. Die Platte landete in den Billboard Charts auf Platz 35, ein beachtlicher Erfolg. Endlich war man in den USA auf sie aufmerksam geworden. Das Ziel, eine internationale Legende zu werden, rückte ein gutes Stück näher:

»Also, ich hatte ziemlich Angst vor diesem ersten Album«, erinnerte sich die Diva später. »Aber es klappte wirklich prima, denn die erste Auskopplung von *Unison*, ›Where does my beat now?‹, schaffte es auf Platz vier der Billboard Charts. Eine große Überraschung! So etwas hatte ich nicht erwartet. Es klappte so gut. In Toronto trat ich im Vorprogramm von Michael Bolton auf und dann in einer Reihe amerikanischer Fernsehshows, darunter fünfmal Johnny Carson.«

Zur großen Zufriedenheit Dions und ihres Managers wuchs die Fangemeinde in den USA. Der Schlüssel lag in der Sprache. Der Weg in die Charts war endlich geebnet, Airplay und damit Radiopräsenz waren gegeben, die Strategien erwiesen sich langsam, aber sicher als wirksam. Und für Céline Dion war dieser besonnene Weg genau das, was sie wollte:

»Ich will nicht fünf Millionen Platten verkaufen und reich sein, und dann war's das. Davor habe ich Angst. Ich will eine Karriere. Ich will mein ganzes Leben lang singen.«

Der Traum sollte andauern, damit auch die anderen Wünsche der jungen Frau eines Tages in Erfüllung gehen konnten, wenn sie – zufrieden mit sich und der Welt – ein wenig Abstand nehmen konnte vom täglichen Kampf um die Karriere:

»Oh, ich habe eine Menge Träume! Ich möchte mein ganzes Leben lang singen, ich möchte gesund genug sein, um das zu tun, ich möchte Filme machen, Kinder haben, verheiratet sein, um die Welt reisen ... Da kann man sich nicht zurücklehnen und die Dinge auf morgen verschieben. Es ist eine Menge Arbeit, die vor mir liegt, aber dies sind nur die *großen* Ziele. Ansonsten: für so viele Menschen wie möglich singen, vielleicht in verschiedenen Sprachen. Mein ganzes Leben in englischer und französischer Sprache singen und für den Großteil der Zeit auf der Bühne stehen.«

Doch während sich Céline Dion bei ihren amerikanischen Fans für deren Aufmerksamkeit bedankte, lehnte sie erstmals eine Auszeichnung ihrer Heimatprovinz ab. Die ADISQ hatte sie zur Preisträgerin erkoren, allerdings diesmal als beste englischsprachige Sängerin des Jahres. Dion, die sich nach wie vor als Quebecerin und vor allem als frankophone Künstlerin verstand, heizte der Jury wegen der verhängnisvollen Wahl dieser Kategorie ordentlich ein und verweigerte nicht nur die Teilnahme an der Gala, sondern gleich den gesamten Preis. Sie zeigte erstmals echte Diven-Qualitäten.

Dafür konnte sich Dion schließlich mit zwei Junos trösten, die den Félix Quebecs verblassen ließen.

Europa dagegen ignorierte das Album, auch in Deutschland kam *Unison* über einen gewissen Airplay-Erfolg nicht hinaus. Lediglich die Single schaffte es wenigstens in Großbritannien und erreichte Platz 73.

Neben *Unison* entstand noch etwas völlig anderes. Doch diesmal war es kein Song, sondern ein Restaurant: »Nickels«. Céline Dion entwarf ihr eigenes Restaurant, das an die Familientradition und vor allem die Profession der Eltern anknüpfte – eine Hommage an ihre Kindheit und an die Familie.

Am 5. Dezember 1990 eröffnete »Nickels« auf dem Côte Vertu Boulevard in St. Laurent in Céline Dions Heimatprovinz Quebec. Die gemeinsamen Besitzer Céline Dion, René Angélil, der Cousin Renés, Paul Sara, sowie Peter und Lawrence Mammas luden ein zu einem gemeinsamen Essen im Kreise einer großen Familie. Zu einem fairen Preis bei ausgelassener Stimmung ein gutes Essen zu genießen, das lag dem Unternehmen am Herzen und entsprach auch den örtlichen Idealen. Der Besuch bei »Nickels« sollte eine Reise in die Vergangenheit sein, in die 50er Jahre, die Zeit der Diners mit viel Chrom, separaten Eß-Nischen und knallig-bunten Vinyl-Bezügen. Hinzu kamen nun noch Goldene Alben und Poster von der berühmten Besitzerin. »Nickels« läßt den verloren geglaubten Ort auferstehen, an dem die Gäste in aller Ruhe einen traditionellen Milchshake und hausgemachten Apfelkuchen genießen. Daneben gibt es natürlich die Klassiker: Hamburger, Hühnchen und Rippchen ebenso wie Pizza, Nudeln und Steaks, nicht zu vergessen das berühmte »Nickels' Smoked Meat Sandwich«.

Eine zweite Portion Spaghetti oder Räucherfleisch kostet im »Nickels« nur fünf Cent, also einen Nickel, und auch die Musikbox spielt die Lieblingssongs der Gäste zu diesem symbolischen Preis.

Céline Dion hat den Namen gewählt, in vollem Vertrauen auf ihre Glückszahl und ihren Glücksbringer, den kleinen gefundenen Nickel aus dem Jahr ihrer Geburt. Es ist das kleinste nordamerikanische Geldstück, das sowohl in der US-Währung als auch in der kanadischen Währung existiert, ganze fünf Cent ist es wert und in Nickel geprägt. Die Fünf ist Célines Glückszahl, und den Fund des kleinen Nickels verstand sie sofort als besonderes Zeichen. Sie glaubt an seine glück- und erfolgbringende Kraft und hütet ihn wie einen Schatz.

Und tatsächlich ist aus »Nickels« eine Kette von Restaurants geworden, die, über ganz Quebec und die Provinz Ontario verteilt, den guten Ruf des ursprünglichen Betriebs verbreiten. Ein Lokal gehört der Familie Dion, für die anderen wurden Konzessionen vergeben. Das nächste soll in Ottawa, Ontario, öffnen.

Céline Dion kümmert sich weiterhin persönlich um ihr Ziehkind. Sie besucht die einzelnen Filialen, und auch die Kleidung der Mitarbeiter stammt aus ihrer Feder. Die Perfektionistin Dion arbeitet noch an der Ausweitung des Erfolgsunternehmens: Je ein Ableger in Orlando und Fort Lauderdale, Florida, sind geplant.

Die Schöne und Walt Disney

Sie wollte eine Karriere, und sie war auf dem besten Weg. In Quebec fand schon 1991 eine Gala im Forum von Montréal statt – anläßlich Céline Dions 10jähriger Karriere. Mit dem Orchestre Métropolitain bestritt die Geehrte ein Konzert zugunsten der Mukoviszidose-Stiftung, ein Anlaß und eine Widmung, die der Problematik und der Stiftung erneut die Aufmerksamkeit der Öffentlichkeit sicherte. Der Name Céline Dion signalisierte in Kanada nun Erfolg und Einfluß. Auch in den USA und selbst in Frankreich war sie aus dem Geschäft nicht mehr wegzudenken.

Doch das reichte ihr nicht. Und in Europa, besonders in Deutschland, wußte man von all dem wenig. Als sie die wirklich große Chance bekam, hatte sie harte Arbeitsjahre hinter sich, in denen sie sehr erfolgreich war und auf eine bemerkenswerte Karriere zurückblicken konnte.

Im Oktober bestritt die nationale Größe eine weitere Gala vor illustrem Publikum: Zu Gast waren keine geringeren als der englische Kronprinz Charles und eine glamouröse Diva: Lady Diana, die »Königin der Herzen«. Es sang die als beste Sängerin des Jahres mit einem Juno geehrte Céline Dion. Ihr Album *Unison* wurde ebenfalls preisgekrönt.

Frankreich reagierte erst im Jahr nach *Unison*, allerdings auf ein anderes Album: *Des mots qui sonnent/Dion chante Plamondon.* Mit dem Titel »Ziggy« plazierte sie sich auf Platz 10 der Top 30 in Frankreich und erreichte Platin-Status. Céline Dion hatte mit dem bekannten französischen Texter Luc Plamondon gearbeitet.

Er schrieb zusammen mit dem Komponisten Michel Berger die Rockoper *Starmania*, die später unter dem Titel *Tycoon* in Amerika erschien. In Frankreich erreichte die Rockoper Kultstatus. Einige der Lieder aus diesem frühen Musical übernahm Céline Dion 1991 für ihr Album und brachte es auf Platz eins der französischen Hitparade. Damit stellte sich nicht nur der lang ersehnte Erfolg der frankophonen Kanadierin in Frankreich ein, es gelang auch der endgültige Abschied von Dions Image als Schlager- und Schnulzenchanteuse, das noch immer weit verbreitet war. Die Zusammenarbeit mit Luc Plamondon, der bekannt war für seine Bearbeitung sozialer Probleme, vermittelte endlich jene Legitimität, um die Céline Dion lange gekämpft hatte.

Gleichzeitig begann der langjährige Kampf um Anerkennung und internationalen Erfolg Früchte zu tragen. Bald sollten sich die Ereignisse überschlagen.

Noch im selben Jahr gab Céline Dion ihr Debüt als Schauspielerin in einer Fernsehshow – ein erster Schritt in Richtung Hollywood, das in diesem Jahr so wichtig für Céline Dion werden sollte.

Denn Steven Spielberg war 1991 an sie herangetreten und hatte ihr den Titelsong zu seinem Zeichentrickfilm *Feivel, der Mauswanderer* angeboten. Doch Céline Dion lehnte ab – zugunsten Sheena Eastons und eines anderen Animationsstreifens: *Die Schöne und das Biest* aus den Studios von Walt Disney. Diese Entscheidung sollte sich nicht nur als richtig, sondern als erdrutschartiger Durchbruch erweisen.

Die Single mit dem Titelsong *Beauty and the Beast* brachte ihr nicht nur einen neunten Platz in den US-amerikanischen Charts und in England, sondern eine Oscar-Nominierung. Was war passiert?

»Disney hat angerufen und gefragt, ob ich mitmachen würde. Ich habe mir den Song angehört, und ich mochte ihn wirklich. Also schlugen sie mir vor, den Film anzusehen. Ich ging hin und tat das. Der Film war noch nicht ganz fertig, als ich ihn mir angesehen habe, aber ich war sehr beeindruckt. Zwei- oder dreimal habe ich während des Films geweint.«

Céline Dion war tief berührt von der Erfahrung. Sie stammte nicht aus dem amerikanischen Durchschnittshaushalt mit Fernseher und Videorecorder im Kinderzimmer. Sie kannte diesen Zauber nicht – und verfiel ihm sofort:

»Ich weiß nicht viel über Walt Disney«, erzählte sie noch 1996 im Musikkanal VH-1, »denn **ich bin nicht mit Cartoons und Filmen aufgewachsen. Aber es ist nie zu spät fürs Kindsein mit Walt Disney. Ich ging erst einmal hin, um den Film zu sehen. Und ich flippte aus – es war so wundervoll.«**

Für die Aufnahme traf Céline Dion den amerikanischen Sänger Robert »Peabo« Bryson, der ein Jahr später noch einmal für Disney einen Hit landete: Er sang im Duett mit Regina Belle die Titelmusik zu *Aladin*.

»Dann traf ich Peabo Bryson. Wir sangen gemeinsam. Und schon sind wir da, bei der Oscar-Verleihung, der Song wurde nominiert, er gewann als bester Song, und seitdem bin ich dabei, die Charts hochzuklettern, und es ist ziemlich klasse.«

Das Duett mit Bryson schrieb Filmgeschichte und war von besonderer Bedeutung für Céline Dion:

»Seit ›Beauty and the Beast‹ herausgekommen ist, sind viele Dinge passiert. Es hat mir eine Menge Türen geöffnet. Heute denke ich, daß ich Teil eines Klassikers geworden bin, und daß ich sehr viel Glück hatte, Teil eines Klassikers zu werden – damit hat meine gesamte Karriere begonnen, und es wird mich mein Leben lang begleiten.«

Mit ihrem englischen Debüt bei Epic Records hatte sich die abwartende Haltung in den USA merklich geändert. Doch jetzt kam die Welt des Films, und sie schwemmte alle normalen Standards hinweg. Es war kein beliebiger

Film, der das schaffte, sondern jene märchenhafte Zauberwelt der Disney-Studios, der sich kaum jemand zu entziehen vermag. Die Verfilmung des Märchens *Die Schöne und das Biest* wurde ein Kassenschlager, und der herausragende Titelsong wurde der Eckpfeiler der neusten CD Dions, dem zweiten englischsprachigen Album der Künstlerin, das sie nach sich selbst benannte: *Céline Dion*. Es erschien zu ihrem 24. Geburtstag, am 30. März 1992, in Quebec und startete mit dem Slogan »Merken Sie sich den Namen, denn die Stimme werden Sie nie vergessen!« rund um den Globus. Unter den Hot 200 marschierte es bis auf Platz 34, und gleich drei Stücke des Albums schnellten in den amerikanischen Billboard Charts nach ganz oben, darunter natürlich der Titel des Disneyfilms sowie »Love can move mountains« und »Did you give enough love«.

Zusammen mit Peabo Bryson sang sie am Abend desselben Tages für die Gäste im Shrine Auditorium den für einen Oscar nominierten Hit von der Schönen und dem Biest. Und sie gewannen die höchste Ehrung im Filmgeschäft. Es sollte nicht ihr letzter Oscar bleiben …

Für das Album *Céline Dion* war es wieder gelungen, große Köpfe des Musikgeschäfts ins Studio zu holten: Unter den Stars waren der Produzent Walter Afanasieff, die Songschreiberin Diane Warren und sogar Prince, der Céline Dion den Titel »With this tear« geschrieben hatte. Die Kanadierin bedankte sich, ehrlich gerührt:

»An Prince – ›With this Tear‹ ist einer der schönsten Songs, den ich je gehört und gefühlt habe … Danke für die Ehre!«

Die junge Diva konnte zufrieden sein. Das Blatt hatte sich gewendet. Sie brauchte an keine Türen mehr zu klopfen und um Songs zu bitten. Im Mai setzte das *Billboard Magazine*, die »Musikbibel«, Céline Dion aufs Cover. Ihr Status als neue Pop-Ikone war damit offiziell. Die Stücke fanden von nun an den Weg zu ihr, und es waren so viele, daß sie seitdem genauestens auswählt – und zwar höchstpersönlich:

»Einen Menschen zum ersten Mal treffen, einen Song zum ersten Mal hören – es ist dasselbe. Du sprichst mit ihnen, du kennst sie nur ein paar Sekunden, und du *weißt*, ob es paßt oder nicht. Wir spielen den Song, und ich weiß *sofort*, ob ich damit etwas anfangen kann. Es muß mich berühren, die Worte, die Musik – das ist eins, es gehört zusammen.

Und wenn es mich ergreift, dann weiß ich, daß ich ins Studio gehen und den Kopfhörer aufsetzen kann, und daß ich Gefühl in das Lied bringen werde. Es ist wie Zauberei.«

Jede Auswahl bleibt anonym, vorab werden keine Namen genannt:

»Ich habe Leute, die mit mir arbeiten, und sie legen beiseite, wovon sie meinen, daß ich es mögen könnte. Ich habe hundert Songs zum Anhören. Ich will nicht wissen, wer sie geschrieben hat; es könnte mich beeinflussen.«

Immer wieder betonte Céline Dion, wie sehr sie sich von ihrer romantischen Ader leiten läßt. Immer ist sie auf der Suche nach dem ehrlichen Gefühl und dem authentischen Song, der dieses Gefühl vermittelt. Es ist eine gewisse Wahrhaftigkeit, auf die es ihr ankommt, die sie in den Liedern finden muß, um sie selbst mit ihrer Stimme hineinzulegen und an ihr Publikum weiterzugeben.

Und bisher lag sie in den meisten Fällen richtig. Gerade weil sie nie selbst einen Song für sich geschrieben hat, konnte sie ihre ganze Kraft und Emotion in die ausgewählten Stücke bringen, in ihre Stimme legen. Sie hat den Rat ihrer Mutter befolgt: Sie arbeitete immer höchst professionell, mit Musikern und Textern, die ihr die Songs auf den Leib, in die Stimme schrieben:

»Einige Leute machen beides. Sie schreiben und sie singen. Und sie sind okay. Das ist gut, aber ich glaube, es sind zwei voll-

»Ich wähle die Lieder, die mich bewegen. Ich denke nicht ›Erfolg‹, ich denke nicht ›Hit‹, und ich denke nicht ›Verkauf‹. Ich denke nichts anderes als ›Gefühl‹.«

kommen unterschiedliche Karrieren. Ich schreibe meine Lieder nicht selbst, ich habe Leute, die Songs für mich schreiben.«

Seit sie Ende 1991 ihren 10 Millionen-Dollar-Vertrag unterschrieb, den größten, den je ein kanadischer Künstler mit Sony schloß, sind auch ihre Produzenten durchweg Profis, bekannt und erfolgreich. Inzwischen arbeitet sie nur noch mit der Crème, den Sahnehäubchen auf der großen Torte der Musikbranche. Mit ihnen erfüllte die Diva die Bedingungen des Vertrags – fünf Alben innerhalb von sieben Jahren – in der Hälfte der vorgesehenen Zeit. In ihren neuesten Alben sind die hervorragenden Musiker David Foster, Walter Afanasieff, Jim Steinman, Phil Spector und – nicht zu vergessen – der französische Superstar Jean-Jacques Goldman allgegenwärtig.

Für jeden Produzenten steht ein bestimmter Sound, eine typische, unverwechselbare Handschrift. Die große Palette der großen Produzenten bei Céline Dion verhalf ihr zu einem außergewöhnlich reichhaltigen Repertoire und einer ungewöhnlich hohen Trefferquote für Hits. Die exquisite Regie im Studio ermöglichte Céline Dions herausragende Ergebnisse.

Für das Album *Céline Dion* stand unter anderem Walter Afanasieff Pate, und die Diva im Aufwind bedankte sich ungewöhnlich herzlich für die Zusammenarbeit, die sich bis heute fortsetzt:

»Dein unkompliziertes und herzliches Wesen und die Liebe, die du deiner Familie entgegenbringst, haben mich tief beeindruckt. Du hast es geschafft, das Beste in mir hervorzubringen. Vielen Dank, daß du dein großes musikalisches Talent mit mir geteilt hast. Alles Liebe.«

Manchmal allerdings sah eine solche Zusammenarbeit der Stars auch problematischer aus. Unlängst kam es zum Eklat mit Phil Spector, der sich partout nicht ins Handwerk pfuschen lassen wollte. Phil Spector hat bereits mit den Legenden gearbeitet: Die Beatles holten ihn ins Studio, Tina Turner verließ sich auf sein Händchen und auch Leonard Cohen schwört auf den Meister am Mischpult. Doch der Star ist eigenwillig. Während der Produktion von *Falling into you* 1996 verließ Spector ungehalten das Studio, und war vorerst nicht bereit, zurückzukehren. Statt dessen äußerte er scharfe Kritik an Dions Management und verwehrte sich gegen die Forderung, immer nur Hits zu produzieren, »selbst wenn sie widerlich und billig klingen«. Unmißverständlich lehnte er es ab, sich in seine Arbeit hineinreden zu lassen – mit schwer widerlegbaren Argumenten:

»Man sagt Shakespeare nicht, wie er seine Stücke schreiben soll, man sagt Mozart nicht, wie er Opern schreiben soll, und man sagt Phil Spector sicherlich nicht, wie er seine Songs schreiben soll, oder wie er seine Platten zu produzieren hat.«

Sein Selbstbewußtsein hatte unter der Auseinandersetzung offensichtlich keinen Schaden gelitten. Und Céline Dion bestätigte seine unvergleichlichen Leistungen:

»Wenn ich sage, er ist einzigartig in seinem Metier, meine ich musikalisch ebenso wie menschlich. Er hat eine ganz eigene Art, sich in den Aufnahmen auszudrücken, in seiner Musik. Er ist ein unglaublicher Künstler, denn wenn die Lichter an sind und die Kamera läuft – es ist sehr schwer zu beschreiben, aber er hat die Kontrolle, er ist der Boß.«

Und doch will und wird sie irgendwann einmal selbst zur Feder greifen: »Ich weiß nicht, ob für mein nächstes Album, aber das ist sicher etwas, das ich eines Tages tun werde.«

Vorher jedoch tourte Céline Dion zunächst einmal durch Amerika. Im Vorprogramm von Michael Bolton reiste sie quer durch die Staaten. Das Echo ihrer beeindruckenden Stimme war seitdem aus den USA nicht wegzudenken. Im Herbst fuhr sie, statt zurückzukehren, gleich weiter nach Australien, Europa und Japan.

»Ich schlafe so gut wie nie in meinem Bett, weil ich die ganze Zeit reise. Ich bin nie zu Hause. Ich vermisse das normale Leben. Aber das beweist mir nur, daß man nicht alles haben kann. Für mich ist es der perfekte Urlaub, zu Hause zu sein in meinen Hausschuhen, Haare hochgesteckt, den ganzen Tag im Bademantel. Das liebe ich.«

Für das Benefiz-Konzert in Los Angeles, »Für unsere Kinder«, das die Walt-Disney-Gesellschaft zugunsten der Kindermedizinischen Gesellschaft gegen AIDS veranstaltete, verzichtete die großherzige Sängerin wieder einmal auf diesen Genuß.

Ab sofort reiste sie durch die Weltgeschichte und gönnte sich keine Pause mehr. Anläßlich des Vierten World Music Award unter der Schirmherrschaft von Prinz Albert von Monaco verschlug es sie in das kleine, europäische Fürstentum, wo sie den World Music Award gewann und entgegennahm.

Und – schon kaum noch überraschend für ihre kanadischen und amerikanischen Zeitgenossen – auch das Jahr 1993 begann mit einem Höhepunkt. Anläßlich der Amtseinführung des im November 1992 gewählten amerikanischen Präsidenten Bill Clinton besuchte Céline Dion am 19. Januar 1993 das Weiße Haus in Washington, DC., und trat im Kennedy Center vor dem mächtigsten Mann der Welt auf. Die First Lady der Vereinigten Staaten von Amerika gratulierte persönlich und bedankte sich. Céline Dion war ein Star.

Genau zwei Wochen später erntete sie noch einmal Beifall und einen Grammy für den Titel »Beauty and the Beast«, bevor sie im März den Oscar entgegennahm. Dabei traf sie ihren wohl berühmtesten Fan: Auf der Gala der Grammy-Verleihung tummelte sich alles, was im Pop-, Rock- und Musikgeschäft Rang und Namen hat. Kein Preis ist begehrter als der amerikanische Grammy. Und so freuten sich Peabo Bryson und Céline Dion zu Recht über diese Auslobung. Doch aufregender als die Preisverleihung wurde schließlich das Essen danach. Eingeladen von der Plattenfirma Sony, trafen sich eine Handvoll erlesener Stars zum Abendessen. Unter ihnen auch der publikumsscheue Michael Jackson.

Es war das erste Treffen Céline Dions mit dem Superstar. Sie war so irritiert, daß sie es nicht wagte, ihn um ein Autogramm zu bitten. Erst einige Zeit später traute sie sich, und auch diesmal nur über Umwege und Dritte.

Ihr Respekt und ihre Angst waren vollkommen unbegründet. Es stellte sich heraus, daß »Jacko« zu ihren ganz großen Fans gehört:

Er schickte ihr ein signiertes Foto mit der Aufschrift »To Céline with love«, und damit nicht genug, anbei erhielt Céline Dion den ebenfalls signierten Hut Jacksons aus seinem Videoclip »Billy Jean«. Und anläßlich eines Fernseh-Specials über die Jackson-Familie, »The Jackson Family Honors«, am 22. Februar 1994, bat Michael die Diva, doch an der Sendung aus dem MGM Hotel in Las Vegas teilzunehmen. Dion war fassungslos – und willigte ein.

Nur Europa ließ sich noch immer bitten. Doch auch diese schwerfällige alte Dame konnte sich dem Strudel der Ereignisse nicht mehr lange entziehen. Derweil wartete das Jahr 1993 mit immer mehr Auszeichnungen auf, Céline Dion wurde »Juno-Königin«, als sie bei der kanadischen Musikpreisverleihung nicht nur die Gala moderierte, sondern auch noch zwei Auftritte absolvierte und vier Junos kassierte. Und ihr erster und einziger Billboard Award, ein spezieller Preis für ihren Erfolg in aller Welt, bezeugte den Rang ihrer bisherigen internationalen Karriere.

Die Verbindung zu den Weltstars der Filmbranche riß nicht ab. Auch Hollywood meldete sich wieder, und Céline Dion sang den wunderbaren Klassiker Marilyn Monroes »When I fall in love« im Duett mit dem Briten Clive Griffen. Es war der Schlußtitel des Films *Schlaflos in Seattle* mit Tom Hanks und Meg Ryan in den Hauptrollen. Doch auch dieser amerikanische Hit blieb in Europa so gut wie unbemerkt.

Schließlich kam das nächste Album heraus. Die Vereinigten Staaten von Amerika erholten sich nicht mehr von dem einmal entfachten Fieber – und auch das europäische Eis war endlich gebrochen. Das 1993er Album *The colour of my love* erschien im

November und zeigte eine herausragende Zusammenstellung wunderschöner Balladen, die Dions vorrangiges Thema, die Liebe, neu präsentierten. Es erntete Begeisterung. Auch das prestigeträchtigen *Times Magazine* war hingerissen:

»Diese Stimme gleitet ohne Anstrengung vom tiefen Wispern zu himmelhoch starken Tönen, eine süße Sirene, die Kraft und Anmut verbindet.«

Der Singleauskopplung »The power of love« war der bis dato größte Erfolg, den je ein kanadischer Künstler in den USA verbuchen konnte. Es blieb für vier Wochen der Spitzenreiter der angesehenen Billboard Hot 100 Singles.

Das bisher abwechslungsreichste Album Céline Dions wurde von acht hochkarätigen Produzenten unterschiedlichster Couleur aufgenommen und produziert. Die wichtigsten Köpfe der Branche waren hier versammelt: David Foster, Ric Wake, Walter Afanasieff, Chris Neil, Guy Roche, Aldo Nova, Stan Lindsey und Humberto Gatica.

Entsprechend war das Album eine Mélange unterschiedlicher Musikrichtungen. Die eingespielten Songs reichten vom bekannten Dion-Pop über Soul bis hin zu rockigen Ansätzen, die Céline Dion von einer völlig neuen Seite zeigten. Und eben eine dieser Softrockballaden, »Think twice«, aufgedreht und extrovertiert, knackte endlich die europäische Nuß. Der Titel, der die glatten Soulballaden im Handumdrehen ausstach, brachte Céline Dion erstmals auch in Deutschland in die Top Ten und eroberte in England Platz eins. Mit seiner fünfwöchigen Dauerplazierung sprengte der Titel alle Rekorde seit 1965, als die Beatles Geschichte schrieben. Céline Dions »Think twice« war erst die vierte Single einer Frau, die es in Großbritannien jemals zu Verkaufszahlen von über einer Million Exemplaren brachte.

Amerika dagegen konnte mit der Single wenig anfangen, sie

landete nur auf Platz 95. Statt dessen begeisterte sich das Publikum jenseits des Atlantik für den Titel »When I fall in love« aus *Schlaflos in Seattle*. Der Song wurde 1994 für einen Grammy nominiert.

David Foster, der Produzent von »Think twice«, war zu diesem Zeitpunkt aus Céline Dions Karriere nicht mehr wegzudenken. An jedem ihrer englischsprachigen Alben war und ist das geniale Allround-Talent beteiligt. Im Frühling 1994 begleitete er Céline Dion sogar auf ihrer Japan-Tournee, um vor Ort das Tokioter Symphonieorchester für sie zu dirigieren. Der dreizehnfache Grammy-Gewinner genießt das besondere Vertrauen der Quebecerin nicht nur aus musikalischen Gründen: Er ist ebenfalls Kanadier und diesjähriger Preisträger des Special Juno Award seines Landes. 1997 hat er sich bei Atlantic Records eingekauft und ein Joint Venture mit der Plattenfirma besiegelt. Als Produzent und Komponist hat er für die wirklich großen Stars gearbeitet: Whitney Houston gehört zu seiner Klientel ebenso wie Barbra Streisand und Lionel Ritchie. In jüngster Vergangenheit arbeitete er an dem Soundtrack zu *Zorro*, dem neuen Film mit Antonio Banderas.

Der Hit »Think twice« brachte das ganze Album *The colour of my love* zu ungeahnter Popularität und Triple-Platin-Status.

Die Platte ging um die ganze Welt und machte beim Verkauf von 10 Millionen Exemplaren weder vor Indonesien noch vor Malaysia Halt.

Doch Céline Dion wollte immer am Boden bleiben:

»Ich mache diesen Job nicht, um Preise oder Goldene Schallplatten zu gewinnen. Verstehen Sie mich nicht falsch – das ist wundervoll, und ich weiß es zu schätzen. Es gibt mir die

»Ich will nur auf der Bühne stehen und meine Lieder singen, für meine Fans und mit meinem Publikum.«

Gelegenheit, mich bei all den Schreibern und Komponisten, Produzenten und Medienmenschen zu bedanken. Aber abgesehen davon brauche ich diese Bestätigung durch Geschenke nicht.«

Sie war immer skeptisch und ein wenig distanziert gegenüber dem Rummel um die eigene Person, der durch die Preisverleihungen manchmal ins Unerträgliche steigt. Um so bewußter erfuhr sie die wachsende Aufmerksamkeit als etwas, das häufig an ihrer wirklichen Persönlichkeit vorbeiging:

»Ich denke, da ist ein großer Stern, wissen Sie, der schaut herab und beschützt mich. Und daß mein Kopf in den Wolken ist, das ist wirklich phantastisch, aber meine beiden Füße, die möchte ich auf dem Boden behalten.«

Im Jahr 1993 überschattete ein trauriger Einschnitt ihr bisheriges und bewahrte sie vor dem Abheben. Unter ihren Füßen öffnete sich ein Abgrund, als die geliebte Nichte Karine nach jahrelangem Kampf an ihrer Krankheit starb. Um den Schmerz zu überwinden und dem Verlust wenigstens eine Bedeutung zu geben, intensivierte Céline Dion ihr Engagement für die Mukoviszidose-Stiftung.

Doch es gab auch Lichtblicke im persönlichen Leben. Einer der größten Augenblicke war das gegenseitige Eheversprechen von Céline Dion und ihrem Manager René Angélil am 30. März 1993.

Und als wollte sie den wichtigen Einschnitt markieren, veränderte sie – wie so viele Frauen, in deren Leben eine Veränderung auftritt oder gewünscht wird – ihr Äußeres, genauer, ihren Haarschnitt. Der neue Hairstylist hieß ab sofort Frederick Fekkai, und er verwandelte ihre frühere Löwenmähne in einen pfiffig-kecken Strubbel-Look. Mit gekonnten Schnitten hatte der Haus- und Hofbarbier Madonnas der Nachwuchsdiva Céline Dion ein neues Image

kreiert: Sie sah selbstbewußter aus, das Gesicht stach klarer hervor, ihr Aussehen spiegelte ihr burschikoses Temperament und ließ sie dennoch zart und zerbrechlich erscheinen. Der Mann hatte seinen Job gut gemacht.

Die geheimgehaltene intime Beziehung zwischen Dion und ihrem Manager war endlich auf dem Weg in die Öffentlichkeit. Kurz vor Ende des Jahres überreichte die Sängerin mit dem Album *The colour of my love* ihre Liebeserklärung und machte die Sache offiziell. Am Schluß der regulären Danksagungen hatte sich Céline Dion nicht nur René, sondern der Welt erklärt:

»René, so viele Jahre hielt ich unseren Traum nun in meinem Herzen verschlossen … doch ich kann ihn nicht länger für mich bewahren, er ist zu groß geworden. Laß mich also nach all diesen Jahren ›Die Wahrheit malen, zeigen, wie ich fühle, versuchen, dich vollkommen wirklich zu machen … ‹ René, du bist die Farbe meiner Liebe.«

Märchenhochzeit und andere Termine

Bereits in der Danksagung Céline Dions in ihrem gleichnamigen Album hatte mehr verborgen gelegen, als irgend jemand annahm:

»Es gibt nicht genug Worte, um meine Gefühle und meine Dankbarkeit dir gegenüber auszudrücken. Vielen Dank! Ich liebe dich!«

Aufnahmen, Konzerte, Benefizveranstaltungen, Preisverleihungen und Pressetermine – die junge Frau erlebte eine Jugend, die alles andere als normal genannt werden darf. Doch gänzlich auf privates Glück zu verzichten lag Céline Dion fern. Und das persönliche Erleben der einen großen Erfahrung, die sie so gern besang, der Liebe, sollte viel schneller geschehen als erwartet. Der Blitz schlug in unmittelbarer Nähe ein. Kurz nach ihrem neunzehnten Geburtstag entdeckte Céline Dion ihre tiefe Liebe zu ihrem ersten wahren Fan, ihrem unermüdlichen Förderer und langjährigen Bekannten René Angélil.

Zweimal war der Bonvivant vorher bereits verheiratet, 26 Jahre war er älter als seine »Klientin« Dion – alles gute Gründe, die Verbindung zunächst geheimzuhalten und der Öffentlichkeit eine unverändert geschäftliche Beziehung zu präsentieren. Die zerstörerische Kraft von zynischen Kommentaren und empörten Reaktionen auf eine Wendung, die als durchaus zwiespältig erscheinen würde, war sowohl Angélil als auch Dion nur zu bewußt. Zum Schutz vor einer abrupten Unterbrechung ihrer Karriere durch eine Schmutzkampagne in der Presse ließ das neue Pärchen über die innige Romanze nichts verlauten. Aus Image- und

Karrieregründen ebenso wie aus ganz persönlichen Erwägungen versteckte sich das Paar.

Nach der Ankündigung ihrer bevorstehenden Heirat war es offensichtlich:

René Angélil war in den vergangenen Jahren nicht nur Manager Céline Dions gewesen, sondern auch ihre heimliche Liebe, ihr Geliebter.

Es war ein lang ersehnter und zugleich schwerer Schritt, den sie mit der Bekanntgabe ihrer Verlobung vom 30. März 1993 machten. Einerseits von der drückenden Last des schönen Geheimnisses befreit, interessierte sich nun erstmals die Weltpresse für das Privatleben des Stars, das bis dahin relativ unbelastet und von ihrer öffentlichen Rolle getrennt gewesen war. Erst jetzt merkte man, wie wenig eigentlich über Céline Dion als Person und vor allem als Frau bekannt war. Jahrelang hatte sie Lieder über die Liebe, über den Traum vom großen Glück, über die Angst vor dem Verlust und der Verzweiflung darüber gesungen. Woher die Tiefe ihrer Interpretationen rührte, war nicht gefragt worden. Schließlich sang Dion seit ihrer Kindheit zu diesem Thema. Die Songs waren nicht von ihr, sondern für sie komponiert und eine Verbindung zu ihrem privaten Alltag ließ sich daraus nicht ablesen.

Nun kündigte sie ihre Hochzeit an. Noch dazu mit ihrem Manager und jahrelangen Vertrauten, der in der Branche zwar als Kenner seines Handwerks und seriöser Profi bekannt war, der seine zwei früheren Ehen und den Altersunterschied zu seiner berühmten Braut jedoch kaum leugnen konnte oder wollte.

Die Klatschpresse legte los. Wilde Spekulationen über den Beginn der intimen Beziehung zwischen Céline und René machten die Runde. Verruchtheit wurde Angélil unterstellt, Ehebruch gegenüber seiner zweiten Frau und

erotische Kontakte mit der minderjährigen Céline. »Seit ich zwölf war, haben wir jeden einzelnen Tag zusammengearbeitet«, resümierte Céline Dion. Doch von einer erotischen Beziehung war damals noch keine Rede. Belege für die entworfenen Szenarien wurden nie gebracht. Bis heute wehrt sich Céline Dion gegen diese Form der unseriösen Berichterstattung und schreckt auch vor gerichtlichen Schritten nicht länger zurück.

Derzeit läuft eine 15 Millionen-Dollar-Klage wegen übler Nachrede gegen einen Verlag. Dieser zeichnet verantwortlich für eine Biographie, in der René Angélil unterstellt wird, mit der erst 15jährigen Céline eine intime Beziehung begonnen zu haben – eine schwere Anschuldigung, gegen die Céline Dion nun juristisch vorgeht und die sie mit klaren Worten kommentierte:

»Es ist klar, daß Leute dein Leben untersuchen, wenn du im Showbiz bist, aber wenn es um meine Familie geht und um die Menschen, die ich liebe, dann geht das irgendwann zu weit.«

Doch auch im Alltag oder bei Interviews fühlte sie sich immer wieder veranlaßt, die Situation in aller Kürze klarzustellen, um Mißverständnissen vorzubeugen:

»Wir heirateten Ende '94. Ich kannte diesen Menschen also seit fünfzehn Jahren, es gab keine *Überraschung*. Ich weiß alles über ihn, er weiß alles über mich, aber verstehen Sie mich nicht falsch – mit zwölf war ich nicht in ihn verliebt.«

Wer war dieser Mann, der seit Jahren an ihrer Seite arbeitete, und auf den die Sängerin nichts kommen ließ, den sie nun sogar heiraten wollte?

Der 1,82 Meter große Göttinnengatte hat – wie Céline – braune Augen. Seine Lieblingsfarben sind die ihren: rot, schwarz und weiß. René Angélil wurde am 16. Januar 1942 geboren. Der wie die im Sternzeichen Widder geborene Dion mit starken Hörnern ausgestattete Steinbock steht in Durchsetzungskraft und

Willensstärke der ehrgeizigen Partnerin in nichts nach – nach astrologischer Interpretation schon von der Ausgangslage her ein sehr erfolgreiches Gespann.

Angélil hat selbst bereits eine Karriere als Musiker hinter sich. Der Vater von zwei Söhnen – der älteste fast so alt wie Céline – und einer Tochter, war ein Mitglied von *Les Baronets*, einem Gesangs- und Kabarettisten-Trio, das in den 60er und 70er Jahren erfolgreich durch ganz Kanada tourte und sogar in Atlantic City auftrat. Die Karriere der Musiker begann 1961, und drei Jahre später wurden sie über die Grenzen Quebecs hinaus bekannt, als sie mit einer französischen Version des Beatles-Songs »Hold me tight« brillierten. Damit gewannen sie bei der Künstler-Gala von 1964 den Titel als spektakulärste Gruppe. Außer René Angélil gehörten noch Jean Beaulne und Pierre Labelle zu der Combo unter der Direktion von Ben Kayle. Bis 1972 machten sie zwölf Plattenaufnahmen und tourten durch Kanada und die USA. Nach der Auflösung der Gruppe widmete sich René Angélil nur noch dem Management anderer Künstler und begleitete unter anderem René Simard und Ginette Reno, deren Betreuung er zugunsten der Neuentdeckung Céline Dion aufgab. Damit kam auch Angélil seinen Träumen einen überraschenden Schritt näher, obschon vor ihrer endgültigen Verwirklichung noch ein hartes Stück Arbeit lag.

So gab es von Anfang an Ähnlichkeiten und von seiten Angélils, dem Ex-Künstler, ein hilfreiches Verständnis für die Nöte der jungen, aufstrebenden Sängerin:

»Er hat soviel getan. Er hat mich vom ersten Tag an geliebt, mich unterstützt, mich respektiert. Er ist selbst Künstler gewesen und hat früher auf der Bühne gestanden. Er sagt nicht einfach ›Es wird schon klappen, Süße‹.

Und seine Talente paßten zu den ihren: Er hat es von jeher verstanden, seine Vorhaben zu organisieren und durchzuführen, die nötigen Kontakte dafür herzustellen und vor allem, mit aller

»Er weiß, was ich durchmache. Wenn ich müde bin, wenn ich krank bin, wenn ich meine Stimme verliere, wenn ich Angst habe, wenn ich es nicht erwarten kann, wieder auf der Bühne zu stehen – er hat Verständnis.«

Hingabe am Erreichen seiner Ziele zu arbeiten. Ebenso exzessiv wie er arbeitet, schlemmt und spielt er, Charakterzüge, die ihm oft negativ angestrichen werden, die sich jedoch im Rahmen des Normalen bewegen und denen Céline Dion vielleicht sogar ihre Karriere verdankt. Denn schließlich hatte der Manager für eine Zwölfjährige sein Heim aufs Spiel gesetzt – und haushoch gewonnen! Im übrigen hält Angélil das gemeinsame Vermögen durchaus geschickt beieinander, und seine Schlemmerei scheint eher einem Hang zu Delikatessen als einer Eßsucht zu entsprechen, denn der Mann ist stattlich und hat keine Gewichtsprobleme. Offenkundig fällt es der amerikanischen Presse noch immer schwer, europäische Gewohnheiten wie die Selbsterziehung zum Gourmet als Kennerschaft und gute Eigenschaft zu werten. Statt dessen wird dem Paar Genußsucht vorgeworfen – eine Anschuldigung, die bei Céline Dions delikater Figur fast empörend wirkt.

Angélil ist leidenschaftlicher Golfspieler, ein Sport, dem sich bald auch Céline anschloß, und auf den sie mittlerweile viel Zeit verwendet. Und Angélil liest gern, nicht nur gute Bücher, auch schlechte Kritiken.

Das bestätigte Céline Dion 1996 in einem Interview. Immer noch taten viele Kritiker ihr romantisches Material unter der Rubrik »Schnulze« ab und lästerten über ihren Erfolg. Sie selbst gab sich davon ganz unbekümmert:

»Nun ja, es ist mir egal, denn wenn du sehr genau weißt, wer du bist, was du tust, was du magst und was du nicht magst, dann ändert es nichts. Ich gucke mir das, was über mich geschrieben wird, nicht wirklich an, nur die Bilder, und die ärgern mich manchmal sehr.«

Dion mußte selbst über sich lachen und fügte dann hinzu:

»Aber nein … Ich lasse René die Artikel lesen, er liest alles bis ins Detail. Ich mag mich, und ich muß mir darüber keine Gedanken machen!« Und weil sie sich mag, stellt sie sich und ihre ganze Persönlichkeit hinter ihre Songs:

»Ich denke, ich bin ein sehr romantischer Mensch, und ich liebe die Liebe. Jedes Mal, wenn wir über einen Liebesfilm oder eine Liebesgeschichte oder ein Liebeslied sprechen, bin ich versucht, hinzugehen, um es zu sehen.

Hier trafen sich Céline Dions Wesen und die Vorlieben ihres Mannes. Auch ihr Mann interessierte sich für Filme, für die Filmbranche, und war immer gut informiert über die Neuigkeiten aus Hollywood. Für ihren Traum, einmal selbst vor der Kamera zu stehen, wird sich beides als nützlich erweisen, ihre dramatische Hingabe ebenso wie seine Kontakte.

Ich bin eine nostalgische Person. Ich bin ein Fan von *Casablanca* und *Vom Winde verweht* und *Frühstück bei Tiffanys*. Ich bin sehr dramatisch, sehr romantisch.«

Doch für jemanden, der die Liebe liebt, gab es zunächst ein wesentlich wichtigeres Vorhaben, als nach Hollywood zu ziehen. Erst einmal sollte der persönliche Traum vom Glück erfüllt werden, die Romanze Dion-Angélil nach all den Jahren im Hafen der Ehe münden.

In der berühmten amerikanischen Rosie O'Donnell-Show erzählte Céline Dion 1996 von Renés Heiratsantrag:

»Ich weiß nicht, manchmal knien sie sich hin und bitten um deine Hand, und dann weinst du, ›Oh, ich kann es gar nicht fassen‹ ... Wissen Sie, was er tat? Als er um meine Hand anhielt, setzten wir uns an einen Tisch. Und er sagte ›Ich möchte dich ...‹, und dann fing er an zu weinen. Ich war ganz erschreckt und fragte ›Was ist passiert, bist du okay?‹ Er sagte ›Es geht mir gut, ich hab‹ das nie vorher gemacht‹, und dann nahm er diese kleine Schachtel, und da habe ich erst begriffen, daß da ein Ring drin war. Aber statt ihn mir zu geben, hat er den Ring einfach behalten. Er hat ihn nur angeguckt und wieder angefangen zu weinen.«

Die schlagfertige Gastgeberin Rosie O'Donnell reagierte prompt und unromantisch: »Er hat an die Rechnung gedacht!«

Dafür hat Céline Dion die kecke Moderatorin, die schon im Film *Schlaflos in Seattle* nicht auf den Kopf gefallen war, im Nachhinein einmal als einen ihrer liebsten Medienstars bezeichnet:

»Sie ist so verrückt wie nur irgend jemand sein kann, und außerdem ist sie sehr nett!«

Die Hochzeit galt als Traumhochzeit, und genau das war es, was Céline Dion sich wünschte:

»Ich wollte eine Märchenhochzeit. Ich hatte ein Märchenleben, ich hatte eine Märchenfamilie, eine Karriere, einen Mann. Und ich sagte mir: ›Warum nicht?‹ Ich wollte ein Märchenkleid und eine wunderschöne Hochzeit mit meinen Eltern und meiner gesamten Familie.«

Das sollte sie bekommen. Und bei einer Hochzeit mit geschätzten 500 Gästen von einem Fest im engsten Kreis zu sprechen, war typisch Céline Dion. Nicht etwa, weil sie damit kokettierte, sondern weil sie sofort eine plausible Begründung lieferte:

»Ich meine, komm, fünfhundert Leute – es waren *eng vertraute* fünfhundert Leute. Es war so klein, weil es nur meine Familie war.«

Und daß diese Familie einem Clan gleichkommt, rechnete Céline Dion nicht ohne Stolz schnell vor:

»Vierzehn Kinder, alle verheiratet, wir haben fünfunddreißig Nichten und Neffen. Alle meine Nichten und Neffen, die meisten von ihnen, sind verheiratet – sie haben Kinder. Ich bin eine Großtante. So, das sind bereits ungefähr hundertdreißig, und mein Mann hatte auch dreißig Verwandte. Und zusammen mit Freunden und engen Freunden waren es um die fünfhundert Personen.«

Ob Freund oder Familie, alle geladenen Gäste wurden vorab gebeten, keine Hochzeitsgeschenke für die Frischvermählten einzukaufen, sondern statt dessen eine Spende für die kanadische Mukoviszidose-Stiftung zu entrichten. Der große Kreis der Geladenen lieferte die Garantie für eine beträchtliche Summe – und einen guten Grund für eine komplett überdimensionierte Hochzeitstorte. Die von Céline Dion höchstpersönlich georderte Süßigkeit ragte dreieinhalb Meter in die Höhe und war reich verziert:

»Ich liebe ›Profiteroles‹ [kleines Feingebäck]. Ich sagte meinem Koch, ›Ich hätte liebend gern Profiteroles auf meiner Hochzeitstorte.‹ Er sagte: ›Ma'am, das ist unmöglich, da ist eine Art Sahne drin.‹ Schließlich machten sie doch diese riesigengroße Torte. Ich weiß nicht, wie groß sie war, aber sie war riesig. Mit 2000 Profiteroles – mit Karamelfüllung. Es war unglaublich, und überhaupt, es war die perfekte Hochzeit.«

Nach Jahren des Versteckspiels traten die beiden 1994 schließlich in einer grandiosen Zeremonie in der wunderschönen Basilika der Notre Dame in Montréal vor den Traualtar. Die Braut war einem Märchen entsprungen: In einem Traum von weiß schwebte sie an der Seite ihres Bräutigams in die Basilika. Sie trug das Kleid einer Edelfrau, mit herrlichen Jabot-Ärmeln aus zarter Brüsseler Spitze. Wie der Schmuck einer Pharaonin thronte auf ihrem Kopf eine Haube, bestickt mit Tausenden von schimmernden Perlen. Ein feiner Schleier wallte den Rücken hinab und verlieh ihr die Aura und Leichtigkeit einer Elfe. Ein Märchen war zum Leben erwacht, und die Prinzessin hieß Céline Dion. Die Reaktion der Nation war geprägt von Rührung und Bewunderung und gab dem in allen Medien verfolgten Zeremoniell den Anstrich einer königlichen Vermählung. Aus der »kleinen Quebecoise« war längst eine ganz große geworden, eine »Diva der kanadischen Herzen«.

Zu dem beträchtlichen Altersunterschied der beiden Eheleute befragt, antwortete Céline Dion prompt:

»Ich glaube, es gibt kein Alter fürs Verliebtsein. Liebe hat kein Alter. Erst recht nicht, wenn man spürt, daß es richtig ist. Ich fühle, daß ich ihn liebe – sehr liebe.«

Im Märchenjahr 1994 schwebte Céline auch beruflich auf »Wolke 7«: Preise und Ehrungen purzelten ihr nach. Sie erhielt ihr erstes Diamant-Album für den Verkauf von sage und schreibe 1 000 000 Exemplaren der CD *The colour of my love*.

Und als »When I fall in love«, der Titel aus *Schlaflos in Seattle*, den Grammy gewann, arbeitete die Kanadierin längst schon wieder für Hollywood: Diesmal sang sie für *Out of Rosenheim* den Titelsong »Bagdad Café«. Der zärtlich-groteske Kinohit von Percy

Adlon, einem Enkel des berühmten Berliner Hotelbesitzers Louis Adlon, mit Marianne Sägebrecht in der Hauptrolle, wurde in Deutschland ein regelrechter Kultfilm.

Der Single-Remix »Misled« sorgte unterdessen erstmals für eine Plazierung auf Nummer Eins der Billboard Dance Charts. Doch noch wichtiger als dieser Erfolg war Céline Dion der Beginn ihrer zweiten Tournee mit Michael Bolton im Juni in Dallas, Texas. Die beiden füllten sämtliche Arenen.

Ähnlich erging es ihr im Herbst in Frankreich bei ihrer Pariser Konzertreihe. Dort trat sie im legendären »Olympia« auf, jener größten und angesehensten Konzerthalle in Paris, in der sich die Stars unter den Chansoniers die Klinke in die Hand gaben: Juliette Greco, Barbara, Charles Aznavour, sie alle waren hier schon aufgetreten, sie alle hatten die Halle gefüllt. Die ausverkauften Shows Céline Dions standen dem in nichts nach: Die beseelte Performerin tobte endlich wieder über die Bühne, und das grandiose Pariser Publikum lieferte den Hintergrund für die Aufnahmen zu Dions zweitem Live-Album.

Bei ihrer zweisprachigen Performance begeisterte die Sängerin durch eine erstaunlich große, allein durch die Alben bisher nicht erkennbare musikalische Vielfalt. Sie sang Jacques Brels »Ne me quitte pas« ebenso überzeugend wie Tina Turners »River deep, mountain high«. Ihren begeisterten Fans galten die Auftritte als Erlebnis.

Viele mögen sich gefragt haben: Warum eigentlich »River deep, mountain high«? Wie geriet jemand wie Céline Dion an einen Tina Turner-Titel? Céline Dion erzählte, wie es dazu kam:

»Vor nicht allzu langer Zeit wurde ich gebeten, eine amerikanische TV-Show in New York zu machen. Aber sie wollten nicht, daß ich eine meiner Balladen singe. Sie sagten:

›Céline, wir möchten, daß du etwas ausprobierst – versuche einen Rock-'n'-Roll-Song.‹ Ihr wollt einen Rock-'n'-Roll- Song? Gut, ihr sollt einen haben.«

Und wie hat es ihr selbst gefallen?

»Ich habe es genossen. Ich habe ›River deep, mountain high‹ in der Show gesungen, und alle haben mich darauf angesprochen: ›Céline, das war toll!‹ Ich entschied, ihn in meiner Show zu behalten, und alle sprechen darüber, weil alle ihn mögen – es ist ein toller Song.«

Das fand auch das Publikum in Paris. Und auch jene, die Céline Dions Auftritte verpaßten, sollten einen Eindruck davon erhalten. Denn auf den Konzerten am 28. und 29. September lief ein Band mit und zeichnete das zweisprachige Ereignis auf. *Céline à l'Olmpia* trug einen Eindruck ihrer unvergleichlichen Auftritte in die Wohnzimmer. Das Album fing die Hingabe Dions ebenso ein wie die unvergleichliche Stimmung von Paris. Niemand zeigte sich überrascht, als *Céline à l'Olympia* in Frankreich Platin errang.

Und nachdem auch die Single *The power of love* das Edelste aller Metalle erhielt, kündigte sich die erste Nominierung für die Victoires de la musique, das französische Grammy-Äquivalent, an.

Zwischendurch nahm die Kanadierin immer wieder an verschiedenen Produktionen teil, darunter erneut Aufnahmen zu Benefiz-Zwecken. Mit einer Besonderheit: Bei der Gemeinschaftsproduktion *Les enfoires au grand rex* sang sie das Duett »Là-bas« mit Jean-Jacques Goldman, dem begnadeten Songschreiber, Komponisten und Sänger. Sein Song »Je te donne« wurde ein solcher Hit in Frankreich, daß ihn die Boygroup Worlds Apart 1996 adaptierte. Die Zusammenarbeit mit ihm mündete in jenem Album, das Céline Dion später als ihr liebstes Kind betrachten sollte: *D'Eux*.

»Für mich ist dies das Album meines Lebens. Es ist mein liebstes Album, und ich habe nicht das Gefühl, ich müßte noch etwas anderes machen oder irgend etwas beweisen. Dies Album ist mein ... es ist mein Baby – ich liebe es so sehr. Jean-Jacques Goldman, der alles auf diesem Album geschrieben hat, ist sozusagen der Bruce Springsteen von Frankreich – um Ihnen einen Eindruck zu vermitteln. Und er hat mir *zauberhafte* Lieder geschrieben.«

Tatsächlich hatte Jean-Jacques Goldman 1995 *D'Eux* nur für sie verfaßt – eine unvergleichliche Auszeichnung, die Céline Dion zunächst gar nicht glauben mochte:

»Als Künstler kannte ich ihn seit zwei Jahren. Immer, wenn ich nach Frankreich kam, war er ein großer Star, und seine Musik wurde im Radio gespielt. Ich kannte seine Musik, aber ich kannte ihn nicht persönlich. Daher war ich ziemlich erstaunt, als ich von ein, zwei, drei Leuten hörte, er wolle ein Album für mich schreiben. Denn er schreibt niemandem ein komplettes Album – außer sich selbst. Egal, wir trafen uns, mein Manager, Jean-Jacques Goldman und ich. Wir schwatzten und aßen gemeinsam in Paris zu Mittag, und er sagte: ›Ich möchte ein Album für Sie schreiben.‹ Und ich sagte: ›Wunderbar! Sicher!‹«

Jean-Jacques Goldman hielt Wort. Er schrieb zwölf Chansons unterschiedlichster Stilrichtungen, von eingängigem Pop und Folk bis zu sanftem Blues, 70er Jahre Soul und Cooljazz. Céline Dion war begeistert:

»Ich fuhr wieder nach Paris und traf ihn. Ich ging in ein Studio, und er präsentierte mir die Songs, die er für mich geschrieben hatte. Ich schreibe meine Songs nicht selbst, und den eigenen Gefühlen Auge in Auge gegenüberzustehen, ist ziemlich erstaunlich.«

Die Stücke machten deutlich, daß Goldman in Dion noch etwas völlig Anderes hörte, vielleicht war es die französische Nuance ›mehr‹, die Céline Dion selbst in ihren französischsprachigen Titeln erkennt:

»Ich denke, da wird immer ein kleines Bißchen mehr sein, ein ›extra‹, wenn ich französisch singe. Denn ich bin vor allem mit dem Französischsprachigen verbunden, und mein Blut, meine Herkunft, meine Wurzeln sind frankophon. In französisch passiert etwas Besonderes.«

Mit dem Album erfüllte sich die inzwischen 26jährige einen ihrer sehnlichsten Wünsche: wieder ein Album in der Sprache ihrer Heimat und ihrer Herkunft zu machen und nach den vielen englischen Songs in ihrer Muttersprache zu singen. »Die Aufnahme von *D'Eux* war eine tolle Gelegenheit für mich, zu meinen französischen Wurzeln zurückzukehren«, bestätigte die Sängerin. »Und ich hoffe, daß es meinen Fans genausoviel Freude bereitet, das Album zu hören, wie mir, als ich es aufgenommen habe.«

Die Fans haben es ihr gedankt. Und vor allem haben sie ihr nie vorgeworfen, einer der beiden Sprachen untreu geworden zu sein. Denn ihre Musik blieb authentisch. Mit Céline Dion verband sich für ihre Fans immer die besondere Hingabe an die Songs und den Gesang.

»Ich würde nicht beides tun, wenn ich nicht beides genießen würde. Ich liebe es wirklich, englisch und französisch zu singen. Englisch, das ist die Sprache der Musik, sie ist so ... sie steht für sich selbst, sie hat ein Eigenleben. Aber wenn du etwas sagen willst, sag' es besser auf französisch – das ist so romantisch. Ich kann mich nicht entscheiden.«

Sie brauchte sich nicht entscheiden, sondern durfte beides tun – in zwei Sprachen singen und zwei Karrieren gestalten. Mit dem internationalen Erfolg von *D'Eux* flossen die beiden Stränge ihrer Arbeit erstmals wirklich zusammen. Es war wie ein Geschenk für die frankophone Sängerin.

Statt wie bei den englischen Alben auf vollen Stimmeinsatz und bekannten Dion-Sound zu setzen, hatte Goldman auf diese Stärke der Sängerin verzichtet. Im Gegensatz dazu modelierte er ihre Stimme in leisen Tönen, in zarten, ruhigen Passagen, und erschuf ihre unverwechselbare, klare Stimme neu. Die zuvor bereits gerühmte Intensität des Dionschen Gesangs gelangte zu vorher ungekannter Qualität und wurde zur tragenden Säule des gesamten Albums.

Es wurde ein Riesenerfolg. *D'Eux* schaffte es als erstes französischsprachiges Album in der Musikgeschichte, in Großbritannien vergoldet zu werden. In Frankreich erreichte *D'Eux* doppelten Diamantstatus, was einer Anzahl von über 2,5 Millionen verkaufter Exemlare entspricht. Inzwischen verkauften sich fast noch einmal so viele Alben. *D'Eux* überrundete nicht nur Michael Jacksons Verkaufsschlager *Thriller*. Es wurde das meistverkaufte Album der französischen Musikgeschichte überhaupt.

Auf diesem Album befand sich auch der Song »Je sais pas«, von dem Céline Dion einmal sagte, es sei ihr der liebste Song aus ihrem Repertoire, da er sie am besten repräsentiere. Nicht nur »Je sais pas« stürmte als Single die Verkaufshitparaden. Sowohl in den USA als auch in England stieg die Single *Pour que tu m'aimes encore* in den Charts.

Dieses Lied lag Céline Dion immer besonders am Herzen. Es ist der Song, von dem sie hofft, das er eines Tages die Nachwelt an Céline Dion erinnert:

»Was für ein Liebeslied! Der Text ist sehr einfach, aber das ganze Lied ist so bewegend und so wahrhaftig!«

Und er stellt die Frage, die Céline Dion so ähnlich gern ihrem eigenen Publikum, ihren Fans stellen würde: »Warum mögt ihr mich?« Denn auf diese Frage besitzt sie keine so klare Antwort, wie es den Anschein hat. Die Diva ist zwar selbstbewußt, doch ihre Beziehung zum errungenen Erfolg konnte sich nie so recht entwickeln:

»Ich liebe das Leben, das ich habe, wirklich sehr. Aber ich betrachte mich nicht als Star – ich betrachte mich als das Baby der Familie. Ich habe dreizehn Brüder und Schwestern, und das ist wirklich, wirklich wichtig für mich. Ich bin sehr verwöhnt. Ich glaube, ich lebe nicht mit dem Erfolg, den ich habe.«

Die eigene Größe als Pop-Star zu erkennen, dazu war bisher gar keine Zeit. Denn wenn sich der Erfolg für ein Album einstellte, arbeitete Céline Dion immer schon am nächsten. Die Doppelkarriere kostete Kraft, Hingabe und vor allem Zeit:

»Ich will nicht zuviel darüber nachdenken, denn es ist ziemlich verrückt. Andere Künstler machen ein Album, und wenn es fertig ist, werben sie dafür. Sie geben Interviews, und dann gehen sie auf Tour. Und dann ist es vorbei. Sie pausieren, bis sie ein neues machen. Mein Problem ist – verstehen Sie mich nicht falsch, es ist nicht wirklich ein Problem – aber wenn ich ein französische Album mache, dann werbe ich dafür und rede darüber, und ich gehe damit auf Tour. Und danach gehe ich zurück ins Studio und mache alles noch einmal in englisch. Ich bin also ein ziemlich beschäftigtes Mädchen.«

Um sich zurückzulehnen und den eigenen Werdegang zu überblicken, fand Céline Dion noch keine Ruhe, obwohl im Mai 1996 eine Auszeichnung von fürstlichen Ehren wieder einmal unmißverständlich auf ihren Erfolg hinwies: Zum zweiten Mal wurde Céline Dion zur erfolgreichsten französischsprachigen Künstlerin gekürt und erhielt den World Music Award in Monaco für das zurückliegende Jahr.

Den Rekorden des Vorjahrs hatte sie schon wieder etwas hinzuzufügen: *D'Eux* war nicht zu bremsen. Céline Dion war die erste Musikerin überhaupt, die gleichzeitig in zwei verschiedenen Sprachen Bestseller verkaufte, und sie ist heute die erfolgreichste zweisprachige Künstlerin überhaupt.

Einsame Spitze

Bevor die Woge richtig anrollte, die Céline Dion zum Megastar der 90er Jahre machte, erhielt sie die höchste nationale Auszeichnung Frankreichs, die für Kunst- und Kulturschaffende vorgesehen ist: Der französische Kulturminister überreichte Céline Dion im Namen des Präsidenten der Republik den »Ordre des Arts et des Lettres« zum Zeichen ihrer Verdienste um die französische Sprache. Wenig später, im Februar, nahm sie ihre ersten »Victoires de la musique« entgegen, zwei französische Grammys als französischsprachige Künstlerin des Jahres und für den Song des Jahres, »Pour que tu m'aimes encore«. Und das Komitee der quebecischen Félix-Juroren eilte eigens nach Cannes, um der Diva einen besonderen Preis für ihre Gesamtkarriere zu überreichen. Das Jahr war noch keine sechs Wochen alt und Céline Dion schon wieder überschüttet mit Auszeichnungen und Titeln.

Die ersten Singles des neuen Albums kamen direkt im Anschluß an dieses Preisdefilée heraus. Die Veröffentlichung von »Because you loved me« löste in Amerika und der restlichen Welt ein wahres Verkaufsfieber aus. Denn es war der Titelsong zu dem Film *Aus nächster Nähe* über den Werdegang der Top-Journalistin Tally Atwater, mit Michelle Pfeiffer und Robert Redford in den Hauptrollen. Das Lied der Star-Autorin Debbie Warren, einer Instanz in der Zunft der Songschreiber, war Céline Dion auf den Leib geschrieben – ruhig, aber intensiv, sich langsam steigernd und die Stimme emportragend. Die Amerikaner liebten es.

Das Video und damit die Vorankündigung des Films lief bereits seit Wochen in den amerikanischen Haushalten. Das Arran-

gement brachte Céline Dion nicht nur einen weiteren kommerziellen Erfolg, sondern verschaffte ihr eine bis dahin unerreichte und dringend benötigte Fernsehpräsenz in den Vereinigten Staaten. Denn der Trailer – ähnlich wie beim *Titanic*-Video – mischte die Bilder des Films mit Aufnahmen der singenden Dion, die ihr Lied mit ganzer Seele zelebrierte. Die Diva war fast ebenso häufig zu sehen wie die Hauptdarstellerin und Hollwood-Schönheit Michelle Pfeiffer. Amerika bekam den letzten Schubs und Céline Dion die lang erträumte Rolle an der Spitze der Pop-Welt. Ihr Titel verdrängte Mariah Carey vom Spitzenplatz.

Das neue Album *Falling into you* brauchte keine Werbung mehr. Es gab keine große Aufregung um die erste Auslieferung. Das Album wurde im März 1996 einfach in die Regale der Musikgeschäfte in aller Welt gelegt – und verkaufte sich im Zeitraffer-Tempo. Erstmals marschierte ein Album Céline Dions an die Spitze der amerikanischen Billboard Album Charts.

Die bisherigen Spitzenreiter der Hitparaden purzelten auf die hinteren Ränge, der Titel »Because you loved me« besetzte für Wochen den ersten Platz der Billboard Charts.

Das Erfolgsalbum stammte aus der Feder der amerikanischen Schreiberelite David Foster, Diane Warren und Jim Steinman, einem unschlagbaren Team in Sachen Hits. Sie gelten als die Stars der Branche. David Foster bediente ebenso virtuos das Mischpult wie Jim Steinman, der Haus- und Hofproduzent von Meat Loaf.

Die Songschreiberlegende Steinman trug maßgeblich zum Erfolg des »Fleischbergs« Meat Loaf bei. Er war es auch, der die beiden Hits »I would do anything for love« und »Heaven can wait« schrieb. Außerdem verfaßte er Stücke für Bonnie Tyler, die Sisters of Mercy und Take That.

Céline Dion zeigte sich beeindruckt von der unglaublichen Arbeitswut des Musikers:

»Normalerweise arbeite ich folgendermaßen: Ich gehe ins Studio, und ich singe vielleicht sieben- oder achtmal, sagen wir für drei Stunden, um einen Song zu machen. Aber für ihn mußte ich zwanzig, dreißig und mehr Aufnahmen machen.«

»Jim Steinman hat mich *geschunden.* Er hat mich zum *Singen* gebracht.«

Als Steinmans Titel für Céline Dion, »It's all coming back to me now«, herauskam, arbeitete er gerade mit Andrew Lloyd Webber, dem weltberühmten Musical-Maker, an dessen neuer Produktion *Whistle down the wind.*

Ein Jahr später, 1997, brachte der vielseitige Komponist den *Tanz der Vampire* auf die Wiener Bühne: Für das Raimundtheater gestaltete er eine Musical-Version des Kultfilms von Roman Polanski, der selbst Regie führte.

Céline Dion brauchte im Grunde nirgends mehr hingehen. Alle Welt kam gern zu ihr. Und sie wußte das zu nutzen: Als sie von der Show »Good Morning America« eine Einladung bekam, antwortete René Angélil – ganz Manager – angeblich: »Ja, gern, aber da Sie demnächst für die Kanadische Woche ohnehin in Quebec sind, werden wir bei der Show, die sie aus Quebec City machen, dabeisein.«

Also machte sich das riesige Team für die Sendung auf den beschwerlichen Weg nach Norden. Am 16. Mai grüßte »Good Morning America« aus der Altstadt von Quebec City und Céline Dion vom Balkon des Chateau Frontenac. Hier und auf den Dufferin-Terrassen gab die kanadische Diva den amerikanischen Besuchern schließlich ihr Interview.

Für ihr Video zu der vierten Single-Auskopplung aus *Falling into you* mußte Dion allerdings wieder selber reisen. Denn die goldene Stadt, das alte Prag, ließ sich nicht nach Kanada bewegen. Für die historische Kulisse eines tschechischen Schlosses war die Diva jedoch gern bereit, eine längere Reise auf sich zu nehmen. Sie war begeistert von der Wahl des Ortes, und der zweite Traum Céline Dions – von einer Karriere als Schauspielerin – inspirierte und verführte sie bei allen Kameraeinstellungen: Aus dem Video wurde ein Mini-Film mit einer Länge von immerhin neun Minuten.

Nach den Jahren als heimliche Königin von Quebec, als dessen »bestgehütetes Geheimnis« war die seit längerem international gefeierte Sängerin nun eine wahre Pop-Diva. Selbst in Deutschland, das sich die ganzen Jahre hindurch als vergleichsweise resistent gegen den Dion-Sound erwiesen hatte, war Céline Dion nicht mehr wegzudenken aus den Charts. Jetzt war nicht mehr die Rede von reinen Airplay Erfolgen, wie beim ersten englischsprachigen Album *Unison* und den folgenden CDs. Statt dessen überreichte ihr Sony Deutschland nach ihrem Konzert in der Frankfurter Festhalle die ersten veredelten Alben: Gold für *The colour of my love* und das erste Platin für *Falling into you*. Ein weiteres sollte schon wenig später folgen.

Außerdem gewann sie am 1. November 1996 ihren ersten deutschen Preis, den vom Burda-Verlag vergebenen Bambi. Obwohl das Album *Falling into you* das erste war, das in Deutschland tatsächlich einen Hit landete, gewann Céline Dion ohne Umschweife in der begehrtesten Kategorie als beste internationale Pop-Künstlerin. Bei der Verleihung des Preises in der ARD, sang sie ihren neuesten Hit »All by myself« und startete damit den Verkauf der Single in Deutschland am nächsten Tag.

Von ihrer neuesten Arbeit mit besonderem Bezug zu Deutschland war zu diesem Zeitpunkt noch gar nichts bekannt: Zusammen mit anderen Künstlern gestaltete Céline Dion ein zweites Benefiz-Album »Für unsere Kinder«, das sie mit einer wunderschönen Interpretation von Brahms zärtlichem Schlaflied »Guten Abend, gute Nacht« eröffnete.

In Frankreich waren mittlerweile drei ihrer Alben in den französischen Top 20, wieder ein Eintrag in die Musikgeschichte, denn das war vorher keinem anderen Interpreten gelungen.

In Quebec entschied man sich angesichts dieser nie dagewesenen Rekordschwemme zu einem ungewöhnlichen Schritt: Die Diva des Pop wurde vorab von der Preisverleihung ausgeschlossen, da sie der Jury als zu außergewöhnlich galt. Ihr Erfolg erdrückte die Konkurrenz – zugegebenermaßen ein etwas ungewöhnlicher Schritt, zumal der Star nicht einmal einen »Trostpreis« für die Verkörperung einer legendären Karriere erhielt.

Weil sie nun tatsächlich auf bestem Wege war, jene internationale Legende zu werden, von der sie immer geträumt hatte, fühlte sie sich dieser Karriere entsprechend verpflichtet. In diesem Jahr brachte sie eine weitere Sprache zu Gehör: »Sola otra vez« hieß die spanische Adaption von »All by myself«, dem großartigen Klassiker von Eric Carmen nach der Musik von Sergej Rachmaninow, den Céline Dion auf dem Erfolgsalbum von 1996 eingespielt hatte.

Und sie stimmte das wohl größte internationale Ereignis des Jahres 1996 an: Sie sang bei der Eröffnungsveranstaltung der Olympischen Spiele von Atlanta.

Das Lied »The power of the dream«, mit dem Dion den Prolog zur Olympiade lieferte, war ebenso ein Werk von Céline Dion wie von Linda Thompson, Babyface und David Foster, dem allgegenwärtigen Musiker, Dirigenten und Komponisten in ihrer Karriere.

Es war aber auch ein erstes Kapitel im ewigen Streit der Diven, denn hinter den Kulissen des Spektakels kam es zu einem kurzen Ringen um die Weltbühne Olympia. Gloria Estefan hatte eigens für die Eröffnungsfeier der sportlichen Spiele einen »olympischen« Song geschrieben. »Reach« hieß das Werk, das sie dem Komitee von Atlanta anbot. Natürlich sollte ihr Auftritt nicht nur die Feier standesgemäß eröffnen, sondern zudem werbewirksam die sich anschließende Welttournee der Sängerin anzeigen.

Doch das Komitee zerschlug ihre Hoffnungen – Céline Dion erhielt die Zusage.

Obwohl Gloria Estefan Protest gegen die Entscheidung einlegte und alle Mitglieder des Komitees bat, die Sache noch einmal zu überdenken, blieb es dabei.

Am Vorabend des großen Tages erschien Céline Dion im Stadion, um ihren Song zu proben. Um der Angelegenheit einen authentischen Anstrich zu geben, und vor allem weil es ihr einfach viel mehr lag, vor Publikum zu singen, hatte sie sämtliche freiwilligen Helfer und Helfershelfer der Veranstalter zu diesem ersten Auftritt eingeladen. 85 000 Menschen kamen, um Célines Probe zu hören – fast so viele wie zur eigentlichen Feier, bei der schließlich 100 000 Menschen in den Rängen des riesigen Stadions saßen.

Doch da waren noch mehr: Mehr als dreieinhalb Milliarden Zuschauer an den Bildschirmen rund um den Globus verfolgten ihren Auftritt auf dieser einzigartigen Weltbühne. Es war der größte Moment ihrer Karriere, ließ sie danach verlauten.

Céline Dion beseitigte alle Zweifel: Hier stand eine Frau von außergewöhnlichem Format, ein Megastar. Die junge, schlanke, schöne Diva vereinte mit ihrer imposanten Stimme nicht nur die teilnehmenden Nationen und die internationalen Zuschauer, sondern verkörperte für alle sichtbar ihren eigenen Song, »The power of the dream«, die Kraft des Traums.

Das Honorar, das sie für ihren Auftritt kassierte, und eine runde Summe extra, spendete Céline Dion dem Ahorn-Team, als Unterstützung der kanadischen Athleten. Zu ihrer persönlichen Beziehung zu den Olympischen Spielen sagte die ehrgeizige Hobbysportlerin:

»Auch wenn ich sehr zufrieden bin, will ich immer mehr, wie ein Sportler. Mein Leben ist ein Kampf, ein ständiger Wettlauf um bessere Leistungen.«

In Atlanta hat sie mit eleganter Leichtigkeit den Sieg davongetragen, und auch in puncto Starqualitäten ist sie die herausragende Figur der letzten Jahre.

Gloria Estefan mußte sich, um ihr Olympialied zu präsentieren, mit der Abschlußfeier begnügen, ein ebenfalls prestigeträchtiges Ereignis, das aber lange nicht so öffentlichkeitswirksam war.

Doch der Auftritt war nicht der einzige des Jahres für Céline Dion. Im Gegenteil, die stets bis zur Auszehrung arbeitende, schmale Frau reiste im selben Jahr für einen Monat durch neunzehn Bundesstaaten der USA und gab 25 Konzerte. Die letzten beiden Auftritte in Portland und in Seattle an zwei aufeinander folgenden Tagen Ende August und Anfang September mußte sie schließlich absagen – die Kraft reichte nicht mehr. Die Aufgabe war ein überraschendes Eingeständnis der sonst so energiegeladenen, temperamentvollen Frau, die ihre kraftzehrenden Auftritte auf der Bühne liebt. Eine Grenze war erreicht.

In einem ersten Fernseh-Interview tröstete sie sich und ihre Fans:

»Es tut mir sehr leid, ich möchte es wieder gutmachen. Ich komme wieder und singe für euch.«

Bei der Rosie O'Donnell-Show sprach Céline Dion von ihrer extremen Erschöpfung:

»Ich werde wieder in Ordnung kommen, morgen gehe ich zum Arzt. Ich bin nur sehr müde, das ist wahrscheinlich alles. Ich bin glücklich, aber müde, und ich hatte Probleme mit dem Magen und Fieber. Ich werde es untersuchen lassen und in bester Verfassung zurückkommen.«

Alle generellen Einsprüche gegen die Konzertbelastung schlug die Diva in den Wind:

»Ich genieße es unheimlich, Rosie. Ich mache das, was ich am meisten liebe. Ich möchte nur nicht einfach einen Song nach dem anderen singen. Ich möchte auf die Bühne kommen und eine tolle Show liefern – und das, hatte ich das Gefühl, konnte ich in meiner Verfassung nicht. Ich will hinkommen und etwas über das Publikum erfahren, und das Publikum soll etwas über mich erfahren. Ich will es genießen, ich will nicht das Gefühl haben, daß ich damit nicht klarkomme.«

Die Freunde und die Familie der Sängerin waren zu diesem Zeitpunkt bereits ernsthaft in Sorge um Céline. Ihr dramatischer Gewichtsverlust schien nicht länger mit der übermäßigen Belastung allein erklärlich zu sein, und es bestand der Verdacht auf Magersucht. Dions Schwester Claudette drängte, Céline müsse mindestens zehn Kilo zunehmen – ein schwieriges Unterfangen bei rund 200 Konzerten im Jahr:

»Ihre Arme sehen inzwischen aus wie Zahnstocher.« Die 1,71 m große Diva wog weniger als 50 Kilo und mußte im September sogar einen Tag ins Krankenhaus, weil sie unter Magenbeschwerden litt. Zuviel Säure hatte ihrer Magenschleimhaut zugesetzt – ein unverkennbares Zeichen für Streß.

Ob sich Céline Dions Beschwerden tatsächlich auf Magersucht oder Bulimie zurückführen ließen, wie spekuliert wurde, ist von außen nicht zu beurteilen. Noch immer ist es jedoch wahrscheinlich, daß die übermäßige Arbeitsbelastung für den enormen Gewichtsverlust verantwortlich war. Doch genau hinter dieser Selbstausbeutung stecken zwei Wesenszüge, die auch für Menschen, die von Magersucht betroffen sind, als typisch gelten: Céline Dion ist eine extrem leistungsorientierte Frau, die sich und ihrem Körper Übermenschliches abfordert. Und sie hat lange an ihrem gar nicht so ausgeprägten Selbstbewußtsein arbeiten müssen, um mit sich und ihrem Erfolg zufrieden zu sein.

Auch blieb in all den Jahren des Erfolgs die Rolle ihres Mannes und Managers recht zwiespältig. Abgesehen von ihren Liebesbeteuerungen erschien der Ehemann immer wieder in der Funktion des Geschäftsführers – und damit als antreibender Unternehmer, der natürlich vor allem daran interessiert war, einem gewinnbringenden »Produkt« solange wie möglich den Erfolg zu sichern. Damit war bei René Angélil und Céline Dion eine Trennung von privatem und geschäftlichem Bereich nie wirklich möglich. Ihr privates Leben besteht zum Großteil aus Arbeit. Sein Ehrgeiz ist ebenso sprichwörtlich wie der ihre. Und ob es ihm immer gelang, seine Ziele und seinen Beruf als Manager zu vernachlässigen und sich als Ehemann ganz für das Wohlergehen und die Gesundheit seiner Frau einzusetzen, sei dahingestellt. Es ist anzunehmen, daß der zufriedenstellende Ausgleich der Interessen nicht immer gelang.

Böse Stimmen behaupteten sogar, René Angélil sei schuld an Céline Dions Erkrankungen. Das wußte ein unbekannter Informant aus engstem Umkreis der Diva zu berichten. Und er fügte hinzu:

»Eine Pause wäre lebensnotwendig, doch die gönnt er ihr erst, wenn sie im Krankenhaus landet.«

Und tatsächlich mußte Céline Dion wegen ihres körperlichen Zustands bereits mindestens einen Krankenhausaufenthalt in Anspruch nehmen. Das Pensum beginnt seinen Tribut zu zollen. Und der Rummel um das *Titanic*-Abenteuer hat die Terminflut noch unüberschaubarer werden lassen.

Ein wenig verwundert hat es schon, als Céline Dion nach kurzer Erholung, die wohl eher einer bloßen Konzertpause, aber keiner Arbeitspause entsprach, 1996 nochmals ihr Marschgepäck schnürte und sich sogar auf den Weg nach Europa machte, wo sie von Ende September bis Ende November 44 Konzerte bestritt. Die Hallen in Deutschland waren sofort ausverkauft, in Frankfurt wurde auf den Stühlen getanzt, in Berlin mit Bären geschmissen – die deutschen Fans begrüßten ihre Diva.

Trotz all ihrer Erfolge und trotz ihrer grandiosen, makellosen Auftritte hörten einige Kritiker nie ganz auf, Dion abzuurteilen. Im Gegenteil, mit der steigenden Produktion und Popularität

der Franko-Kanadierin erhoben sich immer wieder Stimmen, die sie als Hitmaschine abtaten, die ihre Stimme als kalt und mechanisch empfanden und ihren Erfolg zynisch kommentierten.

Hindern oder gar stoppen konnten diese Urteile den Aufstieg des Stars allerdings nicht. Im Gegenteil, mit jedem weiteren Erfolg schien Dion ihren Kritikern zu spotten. 1996 eroberte sie auch die letzten nicht mit Alben versorgten Länder der Welt.

Nach einem solchen Jahr durfte die Ehrung mit einem Grammy nicht fehlen. Am 26. Februar 1997 fand die Gala zur Vergabe der Grammy Awards statt. Und tatsächlich, gleich in den zwei wichtigsten Kategorien räumte Céline Dion ab: Ihr *Falling into you* vom Vorjahr wurde nicht nur »Pop-Album des Jahres«, sondern auch »Album des Jahres«. Da waren bereits über 25 Millionen Stück weltweit verkauft.

Noch einmal traf sie Hillary Clinton, die ihren ersten Grammy für eine Audio-Version ihres Bestsellers *It takes a village* über die Erziehung von Kindern erhielt. Außerdem konnten sich The Fugees und der Produzent Babyface, der an Céline Dions Olympiasong mitgearbeitet hatte, über einen Grammy freuen, und mit ihnen Eric Clapton, der als bester Pop-Sänger die Gala verließ.

Auch Kanada plazierte sie bei der Vergabe der Juno Awards wieder ganz an der Spitze, und nach der festlichen Soirée am 9. März und vier neuen Junos zählte ihre kanadische Trophäensammlung ebenso viele Exemplare wie die Bryan Adams': 15 Junos hatten beide in ihrer bisherigen Karriere gewonnen und lagen damit gemeinsam auf Platz zwei hinter der kanadischen Legende Anne Murray.

Oprah Winfrey, einer der landesweit bekannten TV-Stars in den Vereinigten Staaten, mußte diese Frau endlich in ihrer Show haben. Sie machte gerade ein Special über Stars aus Großfamilien. Céline Dion kam – mit ihrer gesamten Familie. Nur Claudette konnte nicht dabei sein, die restlichen Geschwister nahmen sich frei. Die Dions brachen schon wieder einen Rekord: Nicht nur war der Star in ihrer Mitte einer der größten der 90er Jahre überhaupt, auch ihre Familie sprengte jedes Maß. Dagegen erschienen selbst die Jacksons als kläglicher Haufen!

Die Show war ein einziger Spaß. Aber in nichts zu vergleichen mit einer anderen Show, die Céline Dion allerdings allein gestaltete:

Noch im Februar war sie nach Brunei gejettet, zu einer konzertanten Privataudienz bei Seiner Majestät Paduka Seri Baginda Sultan Haji Hassanal Bolkiah Mu'izzaddin Waddaulah, dem Sultan von Brunei, dem reichsten Mann der Welt. Ganz neu war Céline Dion derlei Privatkonzert zur Unterhaltung eines kleinen, illustren Grüppchens nicht. Genau ein Jahr zuvor hatte sie dem amerikanischen Unternehmer Donald Trump aufgespielt. Doch mit solch orientalischem Pomp, wie der Herrscher von Brunei, konnte auch Trump nicht glänzen. Sieben Tage vorher hatte der Sultan Michael Jackson einfliegen lassen und sich für eine Gage von 10 Millionen US-Dollar bei einem einzigen Konzert des Weltstars vergnügt. Zu Kindergeburtstagen, Hochzeitsjubiläen und anderen Feierlichkeiten werden gern die schillerndsten unter den Stars geladen. Man gönnt sich ja sonst nichts …

Nach ihren öffentlichkeitswirksamen Auftritten vor dem Papst und dem amerikanischen Präsidenten, den mächtigsten Amtsinhabern der Gegenwart, boten Trump und der Sultan, die reichsten Männer der Welt, offensichtlich einen nicht zu verachtenden finanziellen Anreiz. Für Dion war es vor allem ein lukrativer Job, der ihr eine ähnlich hohe Gage bescherte wie dem Kollegen Jackson. Gegen Ende des Jahres, am 1. Dezember 1997, gab sie ihren vorerst letzten »Privat«-Auftritt: Königin Elisabeth II. und ihr Mann Prinz Philip feierten ihren 50. Hochzeitstag und vergoldeten ihre Ehe. Ein Anlaß, den Céline Dion nur zu gern mit ihrer Stimme veredelte.

Und auch ihr nächster Vertrag mit Sony Music Canada sicherte das Geld in der Haushaltskasse: Nachdem sie ihre vorherige Vereinbarung mit dem Album *Falling into you* erfüllt hatte, unterschrieb Céline Dion einen weiteren, ähnlich gestalteten Kontrakt. Wie groß der Plattenumfang diesmal ist, gab sie nicht bekannt, doch für mindestens fünf Alben wird sich die Diva auch diesmal verpflichtet haben.

Ganz andere Beweggründe gab es für einen Auftritt im amerikanischen Fernsehen:

Im Frühjahr 1997 kam die Schauspielerei wieder zum Zuge. Die Diva debütierte in der Sitcom »The Nanny«. Das Geld interessierte sie in diesem Fall wenig, sie spendete ihr Honorar für einen guten Zweck. Ihr war nur wichtig, die Erfahrung vor der Kamera zu genießen

Im Sommer dann ging die Arbeit wieder richtig los: Céline Dion on tour. Durch ganz Europa stürmte sie, auf den über 40 Konzerten waren sämtliche Hallen und Arenen ausverkauft, das Publikum zählte immer weit über 10 000 Köpfe.

Auch nach Deutschland kam sie in diesem Jahr wieder. Nur für ein einziges Konzert hatte sie Zeit. Sie entschied sich für einen Auftritt in der Waldbühne von Berlin, einer Open Air Arena mitten im Grünen.

Am besten beschrieb Céline Dion den Ablauf ihrer Konzerte, als sie auf das leidige Klamotten-Problem hinwies. Liebend gern würde sie auf der Bühne einmal einen kurzen Rock tragen. Aber die Dynamik ihrer Shows ließ das bisher nicht zu: »Ich springe soviel auf der Bühne herum, da würde ich in einem Rock vielleicht ein bißchen zuviel enthüllen ...«

Und damit hat sie sicher nicht übertrieben. Wer eins ihrer Konzerte erlebt hat, wird bestätigen, daß die Sängerin auf der Bühne kaum zu bremsen ist. Diesen Momenten gehört ihre ganze Leidenschaft, es sind die Live-Auftritte, die sie für alle negativen Seiten des Pop-Geschäfts entschädigen:

»Ich liebe es, aufzutreten. Das ist es was ich am meisten mag. Auf der Bühne stehen mit der Band, mit dem Publikum. Mich ausdrücken, glücklich sein, das ist es, was ich am meisten liebe.«

Dabei geht es immer um zweierlei: die Begegnung mit dem Publikum, mit ihren Fans, und die Begegnung mit sich selbst, mit der Rolle im Mittelpunkt und mit dem guten Gefühl, über alles selbst die Kontrolle zu besitzen:

»Ich liebe es, auf der Bühne zu stehen und das Spotlight auf mich gerichtet zu haben, natürlich. Sonst würde ich die Bühne wohl nicht so sehr genießen, und ich liebe die Lichter und die Kameras.«

Bei jedem Auftritt explodiert sie förmlich und setzt all ihre Energie frei. Oder besser, die Energie der gesamten Mannschaft, der Background-Sängerinnen ebenso wie der Band. Die Fähigkeit dazu holt sie sich vor dem Auftritt in einem kleinen Ritual:

»Das wichtigste ist, daß ich den Daumen von jedem meiner Musiker berühre, um unsere Energien zu verbinden!«

Sie ißt einen Salz-Cracker, damit ihr – im wahrsten Sinne – nicht die Spucke wegbleibt, und dann geht es raus auf die Bühne, hinein in das Gewirr von Kabeln, Mikros, Lichtern – und Erwartungen. Vor allem letzteren versucht Céline Dion mit ihren Auftritten gerecht zu werden.

Auf eine Sache verläßt sie sich bei ihren Konzerten hundertprozentig – ihre Stimme. Die pflegt die Diva täglich, und schon vor vielen Jahren hat sie ihr wichtigstes Instrument professionell ausgebildet. Anfang der 90er Jahre berichtete sie von ihrer Schulung:

»Ich trainiere jetzt seit acht Jahren. Jeden Tag. Ich habe in Paris mit meinen Gesangsübungen begonnen, mit meinem Lehrer Tuscar Marmor. Ich sang italienisch, opernähnlich, und trainierte jeden Tag. Und seit zwei Jahren treffe ich nun gleichzeitig einen Lehrer und zwei Ärzte. Da ist Dr. Riley, mein Gesangslehrer. Er ist selbst Sänger und arbeitet sehr Richtung Oper, ein großartiger Sänger. Und da sind Dr. Gold und Dr. Groven. Sie sind die Ärzte für meine Stimme, wenn ich ein Stimmproblem habe, wenn ich müde bin, wenn ich irgend etwas brauche, ein bißchen Hilfe.

Jeden Tag mache ich meine Stimmübungen, so wie sie es mir beigebracht haben. Jeden Tag, zehn, fünfzehn Minuten, nur Aufwärmübungen.«

Seit langem bemüht sich Céline Dion, ihre Stimme in Top-Form zu halten. Unter regulären Umständen ist das notwendige Training leicht zu bewältigen, und auch andere Faktoren, die das kostbare Gut beeinträchtigen könnten, überschaut die professionelle Sängerin sehr genau:

»Ich trainiere meine Stimme 20 Minuten am Tag. Wirklich, es ist keine Frage der Zeit, sondern vielmehr eine Frage des Lebens, das heißt, ich muß auf meine Ernährung achten und darauf, was ich anziehe, damit ich mich nicht erkälte.«

Etwas anders verhält es sich auf Dions Tourneen. Wenn sie auf Konzertreise geht, dreht sich alles um ihre Stimme. Die Diva schottet sich ab und vermeidet jede Überstrapazierung. Sie spricht nur das Nötigste, und auch das nicht immer:

1996 sorgte sie für regelrechten Aufruhr – sie tauchte ganz in Michael Jackson-Manier mit weißer Atemschutzmaske in einem Einkaufszentrum in Beverly Hills auf, weigerte sich, mit irgendeinem Angestellten zu sprechen und verständigte sich ausschließlich pantomimisch.

Andere Male hat sie bereits auf Notizblöcke und in jüngster Vergangenheit sogar auf Klopfzeichen zurückgegriffen. Ihre Kritiker halten das Ganze für gnadenlos übertrieben und betrachten den Aufwand als bloße Starallüren.

Doch die Spezialisten sind auf Dions Seite. Nach Meinung von Experten ist ihr Verhalten keineswegs unsinnig, sondern in besonderen Fällen durchaus angebracht. Auch von Opernsängerinnen sind derartige Methoden bekannt. Und nachdem ihre Stimme während eines Konzerts plötzlich wegsackte, ist die Diva vorsichtig geworden:

»Für drei Wochen konnte ich keinen Ton von mir geben, und das ist wohl auch die beste Medizin.«

Ein Arzt riet ihr, die Stimmbänder zu schonen. Andernfalls könnte sich die Tendenz zum Stimmverlust leicht verstärken und zu chronischen Schädigungen der Stimme und des Stimmvolumens führen. Gerade weil sie so gewaltig klingt, so klar und ausdauernd ist und sich über die immense Spanne von fünf Oktaven erstreckt, muß sie sich vor einem Einbruch besonders hüten. Das gehätschelte Kind der Diva hat alle Aufmerksamkeit, die ihm zuteil wird, verdient.

Ihren Ehemann jedenfalls stört das Schweigen seiner Frau in solchen Zeiten nicht:

»Er hat verstanden, daß ich einfach meinen Mund halten will, wenn ich nicht gerade singe.«

Die besonderen Bedingungen einer Konzerttournee sind auch ohne Interviews bereits eine Strapaze für Hals und Stimme. Ewige Müdigkeit, Orts- und Klimawechsel, lange Hotelaufenthalte in unterschiedlich klimatisierter Atmosphäre, Flugreisen mit extrem trockener Luft, das alles kommt zu den Anstrengungen des nahezu täglichen, stundenlangen Gesangs hinzu. Also ist Céline Dion rigoros:

»Entweder ich singe, oder ich rede. Wenn ich auf Tour bin und singe, gebe ich keine Interviews.«

»Ich spreche mit niemandem am Telefon, nichts. Nicht einmal ein fünfminütiges Interview, gar nichts. Den ganzen Tag sitze ich wie ein Tier im Käfig zwischen vier Wänden, ohne zu reden. Ich geh' und gucke ein bißchen fern, wenn ich Lust dazu habe.

Wenn es einen Balkon in meinem Zimmer gibt, tanke ich ein bißchen Sonne und ein bißchen Luft.«

Diese Stunden sind die Vorbereitungen auf den Abend, auf das Erlebnis, dem sie entgegenfiebert, jeden Tag aufs Neue, jeden Tag an einem anderen Ort:

»Ich trainiere meine Stimme, gehe zum Veranstaltungsort und mache einen Soundcheck. Ich esse mit meiner Band, den Technikern und meinen Freunden zu Abend, schminke und frisiere mich, mache mich fertig für die Show – und trete auf.«

Warum diese Lust auf diesen Streß? Wo ist die Belohnung für diese Anstrengung? Genau kann das auch Céline Dion nicht beantworten. Doch der Platz auf der Bühne entspricht am ehesten ihrem Naturell, das im übrigen Pop-Zirkus manchmal etwas eingezwängt und gestelzt wirkt. Hier muß sie nicht über ihre Alben sprechen, hier kann sie daraus singen. Hier muß sie nicht auf Fragen und Strategien reagieren, um sich selbst zu promoten. Auf der Bühne hält sie das Heft in der Hand. Und sie kann sich ausleben, sich produzieren, wie es der burschikosen, extrovertierten Céline entspricht. Sie steht nicht nur im Mittelpunkt, sie ist der Mittelpunkt. Für zweieinhalb Stunden dreht sich die ganze Welt nur um sie, und sie, die Sängerin, ist sogar diejenige, die die Geschwindigkeit der Umdrehungen bestimmt. Hier, und nur hier, kann ihr keiner reinreden.

In diesen Momenten braucht sie nur eins: das Publikum: »Es ist eure Präsenz, die mich zufrieden macht«, antwortete die Diva einmal auf die Frage eines Fans. Und so freut sie sich noch immer über die gängigen Rituale des Publikums bei einem Konzert:

»Ich bin keine schwierige Person, ich bin mit kleinen Dingen zufrieden! Kuscheltiere rühren mich, vor allem Frösche, sie sind meine Maskottchen bei Konzerten. Ich bekomme viele davon, die Leute werfen sie auf die Bühne. Es mag merkwürdig erscheinen, aber ich liebe das!«

Sie hat nie aufgehört, diese Momente zu sammeln, auch wenn

sie inzwischen nicht mehr alle Frösche, die sie bekommt, mitnehmen kann. Aber ihr außergewöhnliches Maskottchen, einst das originelle Geschenk eines Fans, ist immer dabei:

»Mein erster Frosch – er hat mich während der letzten 15 Jahre überall hin begleitet. Vielleicht weiß das die Person, die ihn mir geschenkt hat, gar nicht, aber ich danke ihm oder ihr sehr.«

»Der Frosch ist mein Maskottchen geworden. Und ich werde ihn immer behalten, denn er hat mir Glück gebracht.«

Und an dieses Glück glaubt Céline Dion bis heute. Wieder und wieder suchte sie es in den vergangenen Jahren auf der Bühne, obwohl sie immer häufiger unter den zunehmenden Strapazen und der eigenen Entkräftung litt. Denn auf diese Sache, die ihr den ganzen Rummel überhaupt erträglich macht, will sie keinesfalls verzichten:

»Teile des Showbusiness mag ich nicht so sehr, aber das gehört dazu. Und ich weiß, daß ich, wenn ich diese Dinge alle tue, auf die Bühne kann. Es ist ein Pauschalangebot. Wenn ich dies oder das tue, komme ich auf die Bühne, also tue ich's. Das ist der Deal.« Aber ist das nicht ein Teufelspakt? Ja, bestätigte die Sängerin, »das stimmt«.

Und selbst der angenehmere Teil dieses Pakts hat seine Kehrseite. Denn es ist nicht nur der Moment des Heraustretens auf die Bühne, die Stunden des Auftritts, auch der Schlußakkord gehört dazu, der fallende Vorhang, die letzte Zugabe. Was passiert nach dem großen Kick, wie fühlt es sich an, das Ganze wieder einmal hinter sich gebracht zu haben, noch dazu als Solistin, die zwar mit Band auftritt, deren gesamte Show jedoch ganz auf die selbst zugeschnitten ist?

»Ziemlich unvorhersehbar. Unkontrollierbar. Das Adrenalin steigt so hoch. Es erregt mich. Für mich ist es das Geschenk des Showbusiness, auf der Bühne zu stehen.«

»Wenn die Show dann vorbei ist, ist das Gefühl so groß, es ist solch ein großer Moment – und danach ist er so winzig. Und du sagst ›Vielen Dank und gute Nacht‹ und gehst direkt in deine Garderobe. Du fährst zu deinem Hotel, und du bist vollkommen allein auf der Welt.«

Nach dem Mega-Konzert vor 60 000 Zuschauern im Fußballstadion von Brüssel mußte ihr die Berliner Waldbühne am 24. Juni 1997 wie ein lumpiger Marktplatz vorkommen. Dennoch bestritt die Diva das einzige Konzert in Deutschland mit derselben Motivation wie alle anderen:

»Ich freue mich auf diese Freiluft-Arena, lasse meinen musikalischen Gefühlen freien Lauf. Die Musik, das ist meine Sprache. Ich garantiere eine großartige Show, nicht nur für die Ohren, auch für die Augen.«

Im Jahr zuvor war sie ganz in weißer Lederkluft gekommen, eine eigens errichtete Show-Treppe herabsteigend wie Ginger Rogers – die moderne Prinzessin Céline Dion. Und mit dem großen Auftritt begann ein großer Abend. Es regnete Bären und Blumen.

Der typischen Regenwolken und einem Juniwetter von sage und schreibe 15 Grad Celsius ungeachtet, begeisterte sie ihr Publikum, diesmal im goldenen Schlaghosen-Anzug. Keine Spur von Angst oder Aufregung, keine Zeichen von Müdigkeit oder Unlust. Nach der Aufwärmarbeit der Vorgruppe Human Nature bewies Céline Dion auf der offenen Bühne zweieinhalb Stunden lang Kondition. Siebzehn Stücke von fünf verschiedenen Platten brachte sie zu Gehör. Neben englischen und französischen Titeln gab sie sogar ihren deutschen Song »Was bedeute ich dir« von 1984 zum besten – eine Diva, die den Wünschen ihres Publikums nur zu gern nachkam.

Zwei Videowände schickten ihre zierliche Erscheinung hinauf in die letzten Ränge der arenenförmigen Zuschauertribüne. Da war sie, überlebensgroß, die Frau, deren neun Alben 39mal platinveredelt wurden, und ihre gewaltige Stimme klang auch unter freiem Himmel glasklar und ausdrucksvoll. Mit perfekter Atemtechnik intonierte sie lange Haltetöne in hoher Lage und arbeitete sich mit überraschendem Scat-Gesang, souligen Rockballaden und romantischen Liebesliedern durch ein breit gestreutes Repertoire. Französische Chansons von Jacques Brel überzeugten ebenso wie der Tina Turner Titel »River deep, mountain high«. Mal tanzte sie mit ihren Background-Sängern, dann wieder ließ sie diese ganz pausieren und übernahm die Show. Sich selbst gönnte sie keine ruhige Minute. Ihre sechsköpfige Band machte alles mit, von den Up-tempo-Nummern bis zu den Broadway-Chansons. Es war die personifizierte unbändige Lebenslust, die da über die Bühne schoß, eine Grimassen schneidende Entertainerin, die mit ihrem Publikum kokettierte, eine grazile Erscheinung, die mit wilden Gesten das Publikum anheizte. Gleichzeitig ließ Dion mit witzigen Schwätzchen Nähe entstehen, indem sie ihre innigsten Wünsche ausplauderte: »Ein Jahr Pause machen, wieder einmal in meinem Bett schlafen und für meinen Ehemann kochen.«

Das Publikum bedankte sich mit frenetischem Applaus, warf Blumen, schwenkte kanadische Flaggen und freute sich über eine perfekte Show.

Für die Kritiker war sie die »Barbra Streisand der Neunziger«.

Céline Dion trat mit einem schlichten »Goodbye, Berlin« von der Waldbühne ab, dann war sie entschwunden. Gleich darauf saß sie schon im Flieger zur nächsten Station. So hatte sie an einem Abend nicht nur ihr einziges Konzert in Deutschland abgehakt, sondern gleichzeitig das nächste ins Visier genommen. Ihr schneller Abgang wirkte wie eine Flucht vor der Einsamkeit in der Fremde.

»Im Studio, im Fernsehen, Radio, Fototermin, Reisen, überall im Showbusiness bist du allein mit dir selbst. Du gibst, du gibst, du gibst, und du bleibst allein.«

Schon 1996 sah das Szenario ganz ähnlich aus, in der Frankfurter Festhalle gastierte die Diva vor ausverkauftem Saal und tosendem Applaus. Nach der Ehrung mit einem Goldenen und einem Platin-Album jedoch war sie auch für ihre Manager nicht mehr zu sprechen.

So scheint der Ablauf bei aller Besonderheit und Eigenheit eines jeden Konzerts und eines jeden Publikums immer etwas eintönig zu sein. Doch der Eindruck täuscht. Von den unvorhergesehenen Dingen, den Überraschungen während des Auftritts, den spontanen Veränderungen erfährt das Publikum nichts. Ebensowenig von den kleinen Katastrophen im Hintergrund, die sich dennoch direkt vor den Augen der Zuschauer abspielen. Davon weiß Dion ein Lied zu singen:

»Oh, auf Konzerten passieren viele Dinge! Unter anderem vor einer Weile in Australien ... Dazu muß man sagen, daß es in Australien eine Menge Kakerlaken gibt. Sie sind sehr groß und können fliegen. Eines Tages blieben die Türen offen. Während des Konzerts – ich sang gerade – sah ich eine riesige Kakerlake näher kommen. Ich habe sie angeguckt und gedacht ›Entweder ich lasse sie da und grusel mich zu Tode, oder ich tue so, als ob gar nichts wäre – und trete drauf.‹ Du hättest den ganzen Schleim sehen sollen, der da rauskam! Es war ekelig! Und ich hasse Insekten! Stell dir vor, sie hätte mich angesprungen?! Ich hatte schon einmal eine Kakerlake auf ... Aber das erzähle ich ein anderes Mal!«

Die titanische Stimme

Im November 1997 kam Dions neues Album heraus. Der Erfolg von *Falling into you* war erstaunlich gewesen. Das nächste, *Let's talk about love*, sollte alle Rekorde sprengen.

Fünfzehn Songs hatte die Diva in London, New York und Los Angeles aufgenommen. Für die Produktion umgab sie sich mit den ganz großen Namen der Musikbranche. Am Titelsong des Albums arbeiteten – außer Céline – gleich drei Superstars: Geschrieben haben ihn Jean-Jacques Goldman und Bryan Adams, die Produktion übernahm David Foster höchstpersönlich. Streicher und ein Kinderchor erzeugen eine Atmosphäre, die den Beatles in nichts nachsteht.

Zwei Jahre lag Dions gemeinsame Arbeit mit Rod Steward, Manhattan Transfer und den Bee Gees an der Carol King-Hommage *Tapestry revisited* zurück, und ihre Begeisterung für die erfolgreichste Songschreiberin Amerikas war ungebrochen. Also sang sie für das neue Album wieder einen Carole King-Song und ließ ihn von dem ehemaligen Produzenten der Beatles, Sir George Martin, in London ausführen.

Außerdem schrieben die Bee Gees ihr den Titel »Immortality«, und liehen Céline Dion sogar ihre Stimmen und sangen die Background-Passagen der herrlichen Ballade höchstpersönlich – eine Auszeichnung der ganz besonderen Art für alle beteiligten Künstler.

Anschließend konnte Céline Dion die Männer-Truppe dazu überreden, den Song mit ihr im MGM Hotel in Las Vegas vorzustellen – eine Sensation, denn die Bee Gees hatten in den USA seit sechs Jahren kein einziges Konzert gegeben. Ein Auftritt der legendären Pop-Gruppe gilt in den Vereinigten Staaten als Rarität. Und so verwunderte es niemanden, daß die Tickets sich trotz des stolzen Preises von 200 Dollar pro Stück rasant verkauften.

Schließlich durfte ein weiteres Duett nicht fehlen: Céline Dion und Luciano Pavarotti eint noch mehr als das alljährliche Konzert in Italien. Die beiden Diven aus einfachsten Verhältnissen ließen auf Dions neuem Album den Welthit eines italienischen Stars der 60er Jahre, Tony Renis, wieder aufleben: »I hate you when I love you«.

Und endlich sang Céline Dion auch mit der Legende selbst: mit Barbra Streisand. Dion und ihr Idol realisierten ihr lang erwartetes Duett. Das Ergebnis, »Tell him«, war erwartungsgemäß die erste Singleauskopplung des Albums. Schon diese Produktion schlug riesige Wellen, denn die Vorgeschichte zur Zusammenarbeit von Barbra Streisand und Céline Dion ist lang. Für Dion ging damit ein jahrelanger Traum in Erfüllung, Streisand war von Anfang an das zweite Idol neben der Mutter gewesen:

»Es gibt zwei Frauen in meinem Leben, zu denen ich aufschaue. In meinem persönlichen Leben meine Mutter, und Barbra in meinem Leben als Sängerin. Sie ist für mich die Außergewöhnlichste, die Ikone, Schauspielerin, Frau .... Es war mein Traum – mein großer Traum – mit ihr zu singen.«

Bislang hatte es dafür nur einen Ersatz gegeben: Céline Dion hörte sämtliche Platten von Barbra Streisand, lernte die Songs und sang mit. Doch auf Dauer konnte das die jüngere Diva nicht zufriedenstellen. Aber wie greift man nach einem Traum, dessen Verwirklichung zur Abwechslung einmal nicht von der eigenen Leistung abhängt?

Der Zufall half der Sache auf die Sprünge. Céline Dion erzählte erst kürzlich Oprah Winfrey bei einem erneuten Besuch in deren weltweit ausgestrahlter Talkshow die aufregenden Details:

Barbra Streisand mußte ihren Auftritt bei der Gala der Oscar-Verleihung im März 1997 wegen Grippe absagen. Ihr Song »I finally found someone«, der Titelsong zu dem Film *Liebe hat zwei Gesichter*, sollte trotzdem im Programm bleiben. Ein Ersatz wurde gesucht. Natalie Cole wollte einspringen, doch auch sie wurde krank. Die Veranstalter rangen die Hände.

Céline Dion gehörte ebenfalls zum Gesangsprogramm des Abends, mit ihrem Herzensbrecher »Because you loved me«, dem all-american Ohrwurm seit der Ankündigung des Films *Aus nächster Nähe*.

Die verzweifelten Regisseure der glamourösen Gala traten schließlich einen Tag vor der Veranstaltung an die ohnehin verpflichtete Céline Dion heran und baten sie, Barbra Streisands Song zu übernehmen. Dion sagte zu:

»Ich kann den Song nicht mehr auswendig lernen, aber wenn ich ein Pult haben könnte, mit dem Text drauf, natürlich, dann mache ich es liebend gern.«

Doch es sollte nicht einfach werden:

»Ich wußte nicht, daß Barbra Streisand da sein würde. Ich dachte, wenn sie ihren Song nicht singt, dann kommt sie auch nicht. Ich gehe also in der Oscar-Nacht den roten Teppich hinunter, und alle sagen: ›Wir haben gerade mit Barbra gesprochen.‹ Und ich frage: ›Entschuldigung, wie bitte?‹ Sie sagten: ›Yeah, sie ist hier. Sie ist gerade vorbeigegangen‹ und so weiter. Ich dachte – meine Knie waren wie –

Vergiß es! Sie war da. Ich sollte singen, und sie saß da. Das ging doch nicht.«

Der Marsch über den langen, roten Teppich in Richtung Shrine Auditorium wurde zum Spießrutenlauf. Die Strecke zwischen Limousine und Eingang erschien ihr endlos. Céline Dion konnte sich über diese jüngste Nachricht kaum beruhigen. Vor einem Millionen-

publikum zu singen war das eine, den Song der eigenen Ikone in deren Anwesenheit zu präsentieren war etwas völlig anderes.

Mit zitternden Knien und unendlich nervös bestritt sie den Programmpunkt des großen Vorbilds. Mit den Augen versuchte sie, den Saal auszuleuchten und Barbra Streisand zu entdecken. Schließlich konzentrierte sie sich auf ihren Vortrag, um nicht völlig aus der Bahn oder möglicherweise sogar aus dem Takt zu geraten. Céline Dion stand die Sache nicht nur durch, sie brillierte.

Was sie nicht wußte: Barbra Streisand saß gar nicht im Saal, sondern ihr Platz wurde lediglich besetzt gehalten, während sie die Toilette aufsuchte. Und so verpaßte sie ihr eigenes Lied.

Als Dion und Streisand schließlich miteinander über den Abend sprachen, und Streisand von Céline Dions Tortur hörte, konnte sie es selbst nicht fassen:

»Ich kann nicht glauben, daß ich zu dem Lied nicht da war. Ich habe es verpaßt«, entsetzte sie sich. Und fügte die magischen Worte hinzu:

»Laß uns das nächste Mal zusammen singen.«

Bereits 1996 hatte Céline Dion in einem Interview auf die Frage, mit welcher anderen Sängerin sie gern einmal ein Duett singen würde, geradezu mit Ehrfurcht geantwortet:

»Es gibt viele! Ich wage es nicht, allzuviel darüber zu sprechen, aber in meinen Träumen würde ich liebend gern einmal mit Barbra Streisand singen. Ich bewundere sie sehr, und mit ihr zu singen wäre das absolut Größte!«

Im Anschluß an die Oscars erhielt Céline Dion ein Blumenbouquet mit einer Karte. Absender: Barbra Streisand.

»Ich habe inzwischen die Aufnahmen gesehen, Sie haben meinen Song ganz wundervoll gesungen und ich bereue, nicht im Saal gewesen zu sein, um Sie zu hören. Lassen Sie uns nächstes Mal etwas Gemeinsames machen. Ich wünschte, Ihr Song hätte gewonnen, Sie sind eine wunderbare Sängerin!«

Ob es das Sony-Management war, das diese Aufmerksamkeit veranlaßt hat und zudem den Vorschlag eines Duetts der beiden Stars vorantrieb, oder ob es die Diva selbst war, die ihrer jüngeren Konkurrentin ehrlich gratulierte, darüber gehen die Meinungen weit auseinander. Dion selbst fühlte sich zwar geschmeichelt, doch sie verstand die Bemerkungen als unverbindliche Nettigkeit, als großzügige Geste eines unerreichbaren Stars. Sie konnte nicht glauben, daß so etwas wie ein Duett mit Barbra Streisand jemals Wirklichkeit werden sollte. Doch René Angélil sah die Sache anders:

»Er nahm das sehr ernst. Er griff zum Telefonhörer und rief David Foster an. Er sprach mit Barbra Streisands Manager und mit David Foster, und sie sagten: ›Wir müssen einen Song für Barbra und Céline schreiben. Sie werden zusammen singen. Es wird stattfinden.‹ Und tatsächlich, es passierte ...«

Die Erfüllung eines Traums zeichnete sich ab. Das Duett »Tell him« entstand. Und es kostete die aufgeregte Céline Dion eine Menge Nerven, überhaupt mit ihrem Idol zu reden, mit ihr zu telefonieren und Absprachen zu vereinbaren mit einer Frau, die aus so unendlicher Ferne, aus dem Traumland selber kam.

»Ich konnte es nicht fassen. Egal, wir telefonierten. Und sie wollte wissen, wie wir es angehen sollten. Würden wir zusammen singen? Sollte sie ihren Part zuerst singen? Oder ich meinen? Schließlich waren wir uns einig, und es war sicher, daß wir etwas zusammen machen würden. Sie sang erst ihren Part. Und als wir ihr Tape im Studio hatten, war ich dran. Ich habe das Band eingelegt und mich zurückgelehnt und ihre Stimme gehört. Und sofort war ich ganz aufgedreht und habe nur gedacht, ›Macht das Mikro an, ich hab's, es kann losgehen.‹«

Später standen die beiden sich Auge in Auge im Studio gegenüber. Und sangen gemeinsam. Céline Dion fand nur Superlative für die Erfahrung:

»Das war wohl der aufregendste Moment in meiner gesamten Showbiz-Karriere.«

Das Lied »Tell him« der beiden stimmgewaltigen Frauen ist mittlerweile produziert und auf Barbra Streisands aktuellem

Album *Higher Ground* ebenso wie auf Céline Dions Album *Let's talk about love* veröffentlicht.

Bei einem abschließenden gemeinsamen Abendessen in Streisands Haus langte nur die eine der beiden zu. Céline war zu beschäftigt damit, Barbra anzustarren und zu beobachten, daß ihr großes Idol sich tatsächlich wie jeder normale Mensch mit Nahrung am Leben erhielt …

Der gemeinsame öffentliche Auftritt jedoch kam bisher trotzdem nicht zustande. Bei der Grammy Verleihung am 25. Februar wollten die beiden mit ihrem Duett »Tell him« zusammen auf der Bühne stehen. Doch dieser wie auch der nächste von Sony angesetzte Termin platzte: Barbra Streisand erkrankte.

Inzwischen gibt es Spekulationen, die in der Häufung der Absagen eine Absicht vermuten, oder besser, eine Verweigerung. Und Insider meldeten, auf die herzliche Beziehung zwischen Streisand und Dion angesprochen, wiederholt Zweifel an. Manch einer behauptet gar, die beiden *haßten* sich.

Woher kommen diese unterschiedlichen Einschätzungen, woher rühren diese widersprüchlichen Erzählungen?

Das Verhältnis der großen Diven an der Spitze der Pop-Welt gestaltet sich in der Tat sehr schwierig. So gelten Mariah Carey und Céline Dion als Erzrivalinnen, die sich am liebsten die Augen auskratzen würden. Girlie-Göttin Madonna geizte in jüngster Vergangenheit ebenfalls nicht mit bissigen Kommentaren:

»Oh mein Gott, es ist so schwer für mich und meinen Vater, einander zu verstehen. Seine Lieblingssängerin ist Céline Dion.«

Und auch die Beziehung von Barbra Streisand zu der Franko-Kanadierin ist in mancher Hinsicht wesentlich distanzierter, als es vom Management beider gern dargestellt wird.

Die jüngste Spitze von Madonna kam allerdings eher einer Ehrung gleich, die Dion souverän eingesteckt habe dürfte, nachdem sie Madonna auf Platz drei der Diven-Rangliste verdrängt hat.

Doch Madonna und Céline Dion bedienen ein unterschiedliches Publikum, sie treten nie in so unmittelbare Konkurrenz wie Dion und Streisand oder Carey. Die drei letzteren haben nicht nur stilistische Ähnlichkeiten, sondern ihr Repertoire umfaßt ähnliche, wenn nicht gleiche Songs. Die Interpretationen Streisands sind für eine Sängerin wie Céline Dion hochinteressant, die Darbietungen Dions für Streisand eine ernstzunehmende Konkurrenz. Ebensosehr wie es sich anzubieten scheint, daß die beiden sich treffen, um im Duett zu singen, könnte es naheliegen, sich zu meiden und den Applaus nicht zu teilen. Doch Streisand und Dion sind bei derselben Plattenfirma unter Vertrag, und das Management verspricht sich viel von einer Zusammenarbeit.

Selbst wenn an dem vielbeschworenen gegenseitigen Haß der Diven etwas dran ist – und zumindest bei Mariah Carey erscheint die Abneigung unverhohlen – Streisand und Dion jedenfalls zeigten nach außen bisher keinerlei kriegerische Handlungen. Wenn überhaupt, so gehen sie sich aus dem Weg, und in diesen Fällen war es bisher Barbra Streisand, die den Rückzug antrat – ein Umstand, der die großen Unterschiede der beiden Persönlichkeiten unterstreicht, Unterschiede, die vielmehr zur Begründung der Ungereimtheiten dienen könnten, als alle Rivalitäten.

Überdurchschnittlich ehrgeizig und vernarrt in den öffentlichen Beifall sind mit Sicherheit sowohl Streisand als auch Dion. Dieser Wesenszug ist ein so gut wie unerläßliches Charakteristikum aller Stars im Showbiz. Dafür werden sie geliebt. Doch Barbra Streisand gilt als sprichwörtlich schüchtern, als menschen- und vor allem publikumsscheu, und jeder ihrer öffentlichen Auftritte ist verbunden mit großer Angst. Auch hierzu gibt es die Behauptung, das sei vor allem eine Strategie der Diva, um sich mehrfach bitten zu lassen. Eigenen Angaben zufolge kostet es sie jedoch einige Überwindung, sich ins Rampenlicht zu stellen.

Ganz anders Céline Dion. Die geborene Live-Performerin genießt das Bad in der Menge, liebt ihre Auftritte und das Gefühl, auf der Bühne zu stehen und sich selbst zu geben, über alles.

So erscheint es nicht weiter überraschend, daß es jeweils Streisand war, die sich entschuldigen ließ, und Céline Dion, die trotz oder wegen erhöhten Drucks ihrer extrovertierten Seite nachgab und präsent war. Die Bilder zu dem Duett »Tell him« jedenfalls zeugen vor allem von der gemeinsamen Hingabe Barbra Streisands und Céline Dions an die Musik.

Völlig anders stellt sich die problematische Beziehung zu Mariah Carey dar, jener Sängerin, die in Stimmlage und Repertoire der Kanadierin ebenfalls sehr ähnlich ist, und die von Dion aus den Spitzenpositionen der Hitparaden verdrängt wurde. Der Krieg zwischen den zwei Größen ist offen und erklärt. Erst im April dieses Jahres scheiterte das gemeinsame Benefizkonzert der fünf Diven Mariah Carey, Céline Dion, Gloria Estefan, Shania Twain und der schon fast legendären Aretha Franklin beinahe an den unüberbrückbaren Differenzen der beiden Konkurrentinnen. Das vom einflußreichen amerikanischen Video-Kanal VH-1 organisierte Treffen der fünf zur Unterstützung von »Save the Music«, einem Engagement für die Aufrechterhaltung des Musikunterrichts in den öffentlichen Schulen US-Amerikas, drohte den nervösen Bossen zu entgleiten. Der Ersatz für Carey durch Carole King war bereits in die Wege geleitet, nachdem erstere sich strikt geweigert hatte, gemeinsam mit Dion die Bühne zu betreten. Allein der wunderbaren Aretha Franklin gelang schließlich durch persönlichen Einsatz die Schlichtung. Mariah Carey lenkte ein – allerdings mit der Einschränkung, daß sie die Rivalin beim gemeinsamen Auftritt unmißverständlich ignorierte, während Franklin zusammen mit Gloria Estefan und Shania Twain den Chorus leitete. Bei Céline Dions Megahit »My heart will go on« tanzte Carey in der hintersten Reihe mit den Background-Sängern und hielt sich ansonsten immer auf der jeweils gegenüberliegenden Seite der Bühne auf. Den technischen Aufwand dieser Regelung kommentierte ein Sprecher der Veranstalter trocken: »Nach dem Sinneswandel von Mariah hatten wir einen kleinen Alptraum, was die Mikrophone anging.«

Als diese Feinheiten ausgeklügelt waren, die allgemeine Nervosität sich legte und der festliche Abend im Beacon Theater von Manhattan, New York, über die Bühne ging, sah man alles etwas gelassener: »Es gab ein paar Spannungen, aber was soll's, sie sind eben Divas!«

Kurz nach der Veröffentlichung des Albums *Let's talk about love* kam James Camerons Film *Titanic* in die Kinos – und sprengte nicht nur alle Erwartungen, sondern auch alle Rekorde. Für Céline Dions Karriere bedeutete dies den aktuellen und möglicherweise unschlagbaren Höhepunkt. Denn sie war es, die den Kinobesuchern mit dem Lied »My heart will go on« die Schauer über den Rücken laufen ließ. Sie lieh der Geschichte einer unsagbaren Katastrophe und einer unvergessenen Liebe ihre Stimme.

Dabei war Céline Dion zu diesem Song gekommen, bevor der Regisseur Cameron überhaupt wußte, daß es eine Gesangseinlage geben würde. Der Songschreiber James Horner hatte sich nämlich einfach über Camerons Anweisungen hinweggesetzt:

»Er rief René an und sagte, ›Ich würde dir gern einen Song vorstellen.‹ Schließlich – um die Geschichte kurz zu machen – kam er nach Las Vegas, spielte das Stück auf dem Klavier und sagte: ›Ich weiß, daß James Cameron, der Regisseur des Films, keinen Gesang in seinem Film haben will. Er hält nichts davon.‹ Aber er meinte, ›Ich liebe diesen Song, ich möchte, daß du ihn singst. Ich werde James Cameron nichts davon erzählen, aber es wäre wunderbar, wenn du mir ein Demo machen könntest, mit deiner Stimme drauf. Dann würde ich es ihm vorspielen.‹ Wir es fanden es herrlich. Wir flippten fast darüber aus. Und wir liebten den Song.«

Also marschierten sie mit einer Crew ins Studio und nahmen das Demoband für James Horner auf.

Der Song beginnt ruhig und melancholisch, mit dem sanften Spiel von »Illian Pipes«, der irischen Version eines Dudelsacks. Das langsame, aber stete Crescendo wird begleitet von Becken und Bobhran, einer kleinen, unter den Arm geklemmten Holztrommel, die mit nach innen gebogenen Schlegeln gespielt wird. Das Instrument ist so außergewöhnlich wie sein Klang, den erfahrene Percussionisten sofort erkennen. Doch nur wenige beherrschen die richtige Technik, um ihn hervorzubringen. Doch seit der Song die Charts eroberte, sind sogar die Auftragsbücher der wenigen Hersteller dieser ungewöhnlichen Trommeln bis auf weiteres ausgebucht.

Céline Dion paßte ihre Stimme der Instrumentierung an. Das starke Tremolo, das sie in einigen Passagen einsetzt, erinnert an die Stimme Sinéad O'Connors, die den unverwechselbaren Klang der irischen Gesangstradition in ihre Songs aufnahm und durch hohe Modulationen und große Sprünge noch unterstrich. In den letzten Jahren griffen vor allem die Cranberries erfolgreich auf die irische Musiktradition zurück. Céline Dion deutete diese Möglichkeiten bei ihrer Interpretation nur an, doch gerade im Zusammenspiel mit der außergewöhnlichen Instrumentierung James Horners erzielt der Song bei jedem erneuten Hören den gleichen Effekt – eine Gänsehaut.

Céline Dion sah den Film erst nach der Arbeit im Studio – und war tief beeindruckt: »Ich konnte es kaum glauben. Der Film brach mir das Herz.«

Offensichtlich ging es James Cameron mit dem unerwünschten Song ähnlich. »My heart will go on« bestand die Feuerprobe, der gnadenlos kritische Cameron fand in Céline Dion seinen Diamanten. Die hochkarätige Stimme wurde elementarer Bestandteil seines Films.

Und der Song wurde für den Oscar nominiert.

Die schillerndste Gala der Welt, die Verleihung der Academy Awards in Hollywood, fiel auf den 23. März 1998. Der Höhepunkt von Céline Dions Karriere nur eine Woche vor ihrem 30. Geburtstag hätte nicht monumentaler sein können. Mit ihrem Beitrag zu *Titanic* hatte Dion die letzten Zweifel ausgeräumt und sich jenen Ruf gesichert, von dem sie seit ihrer Kindheit träumte: Ab sofort war sie ein Megastar. »My heart will go on« – der Titelsong zu *dem* Filmereignis der letzten Jahre, vielleicht des letzten Jahrzehnts, wird auf alle Zeiten ebenso mit James Camerons *Titanic*, mit dem Schicksal von Jack Dawson und Rose DeWitt Bukater wie mit dem Namen Céline Dion verbunden sein. Vielleicht wird eben dieses Lied das Stück werden, daß Céline Dion auch nach ihrem Tod unvergessen macht. Dann wäre ihr Traum perfekt.

In den vergangenen Wochen und Monaten versuchten nicht nur Journalisten und Feuilletonisten, den Film und die Wirkung des Films zu erklären. Sogar Soziologen und Psychologen haben eine Erklärung des Phänomens *Titanic* versucht. Unbestritten ist die enge Verknüpfung der tragischen Liebesgeschichte und der historischen Katastrophe mit der ergreifenden Musik. Auf diese Erkenntnis reagierte auch die Plattenfirma bereits und veröffentlichte eine Version des Songs, in der Teile der schönsten Filmdialoge zu hören sind.

Die Handlung des Films hat der wunderbare Leonardo DiCaprio humorvoll zusammengefaßt:

»Es ist eine Liebesgeschichte auf einem Schiff. Ich spiele einen Künstler aus der Arbeiterklasse, der sich in ein Mädchen aus der Oberschicht verliebt. Der Gesellschaft paßt das gar nicht, und mittendrin geht auch noch das Schiff unter.«

Den Song, der all dies begleitet, hat James Horner komponiert, ein Musiker mit Oscar-Geschichte. Sechsmal wurde er bereits für von ihm verfaßte Filmmusiken nominiert, darunter gleich zweimal im Jahr 1995 für die Filme *Apollo 13* mit Tom Hanks und den damaligen Film des Jahres, *Braveheart* von Mel Gibson. Außerdem nominiert wurde die Musik für *Aliens*, 1986, und der mittlerweile weltbekannte Titel »Somewhere out there« aus *Feivel, der Mauswanderer* von 1986. Für den Film *Feld der Träume* mit Kevin Costner schrieb James Horner 1989 die Musik, und auch diese Komposition brachte ihm eine Oscar-Nominierung.

Ganz geschafft hatte er es bisher jedoch nie. Die begehrteste Trophäe Hollywoods landete jedesmal in den Händen anderer Anwärter. Erst *Titanic* sollte auch für James Horner das Blatt wenden.

Mehr Glück hatte Will Jennings, der Texter des Songs. Von zwei vorangegangenen Nominierungen verwandelte sich bereits 1982 eine in einen Oscar: »Up where we belong« aus dem Film *Ein Offizier und Gentleman* machte das Rennen. Schon zwei Jahre zuvor war Jennings erstmals nominiert für den Song »People Alone« aus dem Streifen *The Competition*. Einen ähnlichen Triumphzug wie mit James Camerons *Titanic* hatte auch Jennings noch nicht erlebt.

Bis heute jedenfalls ist es nicht nur der am meisten, sondern auch der am schnellsten verkaufte Soundtrack aller Zeiten. Gegen eine Verkaufsfrist von vierzehn Wochen für acht Millionen Kopien konnte selbst der legendäre *Purple Rain*-Rausch von Prince sich nicht länger behaupten. Der damalige Plattenregen schwemmte dieselbe Anzahl der flachen Tonträger innerhalb von achtzehn Wochen aus den Regalen.

Gleichzeitig ist das Album Céline Dions, *Let's talk about love*, für das der Song ebenfalls aufgenommen wurde, ein absoluter Weltbestseller. Die beiden Produktionen aus dem Hause Sony lagen schnell nebeneinander auf Platz eins und zwei der amerikanischen Billboard Charts. Die Einschaltquotenkaiserin der USA, Oprah Winfrey, nannte das Lied »My heart will go on« Anfang des Jahres bereits »unsinkbar«.

Der unvergeßliche Abend begann wie immer vor dem Shrine Auditorium auf tiefem, rotem Teppich – alle fuhren sie hier vor und schritten den Läufer ab, die Stars und Legenden, deren Gesichter auf allen Leinwänden der Welt erscheinen, deren Wohl und Weh die versammelte Yellow Press täglich verfolgt, deren Glamour aber auch häufig furchtbar vergänglich ist.

Die Modejournalisten begleiteten das Spektakel und erklärten angesichts der vielen Perlen, Pailletten und Putzmacherei den modischen Minimalismus für tot: James Cameron hatte T-Shirt und Taucherglocke gegen einen Frack von Valentino getauscht, Céline Dion kam in schwarz durchwirkter Robe mit breit umgeschlagenem schwarzen Revers, ein Modell von Stardesigner John Galliano für Christian Dior. Michael Bolton trug Mitternachtsblaues aus dem Hause Gucci, Kathy Bates wählte ebenfalls die Farbe des Meeres und erschien ganz in blau.

Kate Winslet vermittelte einen Hauch von *Titanic*-Luxus in einem Designer-Kleid des Modestars Alexander McQueen für Givenchy. Ein stiller Genuß aus dunkelgrün und gold, mit Spitze verziert und herrlich bestickt. Dazu trug sie eine perlenbesetzte Tasche und ebensolche Schuhe – ein Kleid gemacht allein für das Dekolleté, jenen Platz, an dem an diesem Abend das »Herz des Ozeans« ruhen sollte.

Doch es kam alles ganz anders.

Daß Céline Dion das Lied noch einmal singen würde, stand fest. Bei ihrem Aufritt trug sie ein dunkelblaues, hochgeschlossenes Kleid mit langem, schmalem Arm von Michael Kors. An ihrem Hals funkelte und tanzte das »Herz des Ozeans«, der riesige, herzförmige, dunkelblaue Stein, um den sich die Liebesgeschichte von Jack und Rose rankt. Dieser edle Stein zeichnete nun eine einzig-

artige Stimme als ebenbürtiges Juwel aus. Der atemberaubende Schmuck gab dem Auftritt Céline Dions einen unvergeßlichen Glamour. Es war die Stimme der Herzen, die da sang, und die in den letzten Monaten die ganze Welt ergriffen hat.

Wie es passierte, kann oder will niemand genau sagen, sicher ist nur, daß Céline Dion die Ehre hatte, das millionenschwere Duplikat zu tragen, dessen Vorbild einst als »Le cœur de la mer« Geschichte schrieb. Louis XVI., der letzte französische Monarch, gab dem herrlichen Schmuckstück den poetischen Namen. Die erste Replik des königlichen Geschmeides wurde bereits vor vier Jahren gefertigt. Um den Eindruck des Colliers auferstehen zu lassen, reichte den Herstellern zunächst ein kubischer Zirkon, ein synthetisch hergestellter, rotbrauner Edelstein, der durch spezielle Brenntechniken verändert werden kann, so daß er glasklar oder blau funkelt.

Doch James Cameron war das nicht genug. Er wünschte sich für seinen Film eine Anfertigung, die dem verschollenen Original so genau wie möglich entsprechen sollte.

Wem anders als Asprey, den königlichen Juwelieren in London, konnte ein solcher Auftrag erteilt werden? Der Chef des traditionsreichen Unternehmens, Terry Davids, wurde auf das Vorhaben aufmerksam gemacht, und bald war er von der Idee so besessen wie Cameron von seinem Film. Er reiste durch alle fünf Kontinente auf der Suche nach dem richtigen Stein, dem einen, besonderen, der ihm geeignet erschien.

»Wir fuhren nach Amerika und in den Fernen Osten. Wir fuhren in den Nahen Osten, und wir fuhren nach Europa. Und ich habe mir insgesamt fünf Steine angesehen, bevor eben dieser Stein ankam.«

Der riesige Saphir aus Sri Lanka hatte 174 Karat, und er schimmerte dem Asprey-Chef direkt ins Herz:

»Als er auftauchte, sah ich ihn mir an, und ich sagte ›Das ist der Stein. Das ist der Stein.‹ Es ist seltsam, wissen Sie, wir haben

eine Redewendung, ›Er hat zu mir gesprochen‹, und das war genau das, was er tat. Er sprach wirklich.«

Terry Davids war hingerissen. Er wußte, er hatte den richtigen Stein gefunden.

Dann begann die Arbeit. Drei Wochen lang beschäftigten sich wiederum fünf Leute mit der Fertigstellung des Colliers, schliffen das edle Blau in Herzform und feilten die 36-Karat-Brillanten für die Kette. Auch diese bedurften der besonderen Behandlung durch die Experten:

»Man kauft diese Steine nicht aus dem Regal. Man kauft einzelne, die einander so ähnlich wie möglich sind, und dann schleift man sie, so daß sie zueinander passen und dieselbe Größe haben. Jeder Stein auf der einen Seite der Kette erhält ein passendes Äquivalent auf der anderen.«

Der schwere Saphir verlor bei der Bearbeitung drei Karat, dann ging er mit 171 Karat als legendäres »Herz des Ozeans« aus der königlichen Werkstatt hervor. Am 21. März wurde er im traditionsreichen Auktionshaus Sotheby's in Beverly Hills an einen anonymen Auktionsteilnehmer meistbietend versteigert ...

Die stattliche Summe von 2,2 Millionen US-Dollar, die der oder die Unbekannte für das weltberühmte Schmuckstück bezahlte, gingen an den Diana Princess of Wales Memorial Fund und werden karitativen Einrichtungen und wohltätigen Zwecken zufließen. Prinzessin Diana hatte selbst gern im Hause Asprey eingekauft.

Bevor der Stein allerdings im geheimnisvollen Nirgendwo verschwand, sollte er die 70. Gala zur Verleihung der Academy Awards in Hollywood überstrahlen. Getragen von einer der geladenen Schönen. Ihr Name war in aller Munde: Kate Winslet, die Heldin Rose DeWitt Bukater des wellenschlagenden Films *Titanic*. Die Kleiderordnung schien festzustehen.

Daß Céline Dion sich dennoch um die Ehre bemüht hat, steht außer Frage. Aus welchen Gründen die Entscheidung eine knappe Woche vor dem festlichen Anlaß tatsächlich zugunsten Céline Dions kippte, wurde nicht offiziell. Tatsächlich aber sollte sie es sein, die einen Oscar gewinnen und den ganz großen Auftritt haben würde. Tatsächlich würden sich alle Kameras an diesem Abend auf nur eine richten – die Trägerin des Steins. Ersteres konnte Céline Dion nicht wissen, letzteres dürfte ihr nur allzu bewußt gewesen sein. Und sie liebt die Kamera, das hat Céline Dion selbst oft genug erklärt. Doch wer hätte es ihr an diesem Abend nicht gegönnt, kurz vor ihrem 30. Geburtstag, im achtzehnten Jahr ihrer Karriere, zum zweiten Mal für einen Oscar nominiert und wieder eine strahlende und vor allem singende Gewinnerin? Und wer weiß, vielleicht war ihr nahender Geburtstag oder der Höhepunkt ihrer Karriere auch der Anlaß für ein ganz besonderes Geschenk? Und wer würde nach einem solchen Abend, nach einem solchen Jahr ein so unvergängliches Erinnerungsstück wie das »Herz des Ozeans« schon gern zurück in fremde Hände legen?

Komponist James Horner sprach seinen Dank für die Ehrung aus, den Oscar für den »Best Original Song« in der Hand, der zwar dem Komponisten zusteht, von dem jeder Interpret jedoch eine Kopie erhält:

»Zuallererst möchte ich mich bei René und Céline bedanken für deren wunderbare, brillante Leistung. Vielen, vielen Dank. Ich kann euch gar nicht genug danken. Und dir, James Cameron, dank' dir für deine gute Laune an dem Tag, als ich dir das Lied vorstellte.«

Nach der Verleihung erzählte James Horner, daß für ihn von Anfang an nur eine Sängerin vorstellbar war:

»Ich kenne Céline Dion jetzt schon eine ganze Weile. Und es gab in meiner Vorstellung nur eine Person für den Song, und das war Céline.

Also bin ich zu ihr gegangen. Und sie war einverstanden mitzumachen. Sie mochte das Lied sehr, und sie ist wunderbar, genau wie René. Ich verdanke den beiden unermeßlich viel.«

Schon bei der Komposition stand die Interpretin fest, denn eine tragende Stimme gehörte zur Konzeption des Songs:

»Die Melodie habe ich gleich zu Anfang geschrieben. Alle Melodien entstanden innerhalb von zwei Tagen. Es passierte sehr, sehr schnell, und die Art der Orchestrierung stand fest. Ich suchte nach etwas, das quasi nicht orchestriert war. Die großen Untergangsszenen, die brauchten ein großes Orchester, aber all die anderen Sachen, die wollte ich versuchen zu machen, ohne mich auf ein Orchester zu stützen.«

Inzwischen hat James Horner ein weiteres Album versprochen mit einem 25 bis 30-Minuten Stück, das jene für den Film komponierte Musik aufnimmt, die auf dem ersten Album keinen Platz gefunden hat, so zum Beispiel die irischen Melodien. Dabei allerdings will Horner es dann bewenden lassen: »Ich bin keine Person, die lange zurückblickt. Ich schaue nach vorn. Nach dem zweiten Album wird es kein weiteres geben.«

Aber eine Tournee soll es im Sommer geben, fünf oder sechs Konzerte mit Auftritten Horners sind geplant.

Unterdessen zeigte sich Céline Dion nicht nur von dem eigenen Sieg beeindruckt, sondern vor allem von Camerons Film:

»Ich habe den Film gesehen, und er ist atemberaubend. Es ist ein Chef d'Œuvre, ein Meisterwerk. Sie haben einen unglaublichen Film mit einer unglaublichen Liebesgeschichte gemacht, und er geht sehr nahe. Ich freue mich sehr, ein Teil davon zu sein.«

Träume für Morgen

Clever und diszipliniert hat sie sich hochgearbeitet. Aschenputtel, oder vom Tellerwäscher zum Millionär heißt das Märchen, dessen Titel jedoch viel zu leicht die Kraft, die Zeit und die Hingabe vergessen läßt, mit der Dion an der Verwirklichung ihres amerikanischen Traums gearbeitet hat. Céline Dion hat diese Seite ihrer Karriere immer betont:

»Ich bin keine Eintagsfliege. Meine Karriere verlief langsam, aber sicher.«

In Deutschland ist es schwierig, ihren langen Werdegang nachzuvollziehen. Und selbst in Großbritannien, wo viel eher und schneller auf die neue Stimme aus Kanada reagiert wurde, schien der Stern Dion schlicht vom Himmel gefallen zu sein:

»Für uns war es ein Knall, ›Bang!‹, du kamst an, und wir betrachteten dich sofort als Star.«

Doch davon wollte sie wenig wissen, denn an den Weg wird sie sich immer erinnern:

»Ich habe mit zwölf Jahren angefangen. Da steckt soviel Arbeit dahinter, für mich lief es *nicht* so: ›Bang! Es passiert!‹«

Es war vor allem harte Arbeit – und ein Quentchen Glück. Denn auch der Zeitgeist hat Céline Dion in die Hände gespielt. Erst die Veränderung der allgemeinen Vorliebe für die poppigeren Balladen der Frauen hat den Weg zu dem jetzigen Welterfolg geöffnet. Harriet Brand von MTV weiß:

»Vor ein paar Jahren noch dominierte Rock völlig die Charts. Aber Rock ’n’ Roll ist eine Männerwelt, da kamen nicht viele

Frauen durch. Jetzt regiert wieder Pop, und Frauen haben eine Plattform, um zu glänzen.«

Die Kanadierin Dion konnte auf dieser Plattform nicht nur Mariah Carey und Whitney Houston auf die Plätze verweisen, selbst Megastar Madonna und Jackson-Schwester Janet fielen hinter der Popularität Céline Dions zurück. In der deutschen Airplay-Single-Hitparade belegte die Quebecerin Platz zwei hinter der anderen zeitgenössischen Aschenputtel-Figur, Shania Twain, dem US-amerikanischen Country-Star. Mit »My heart will go on« hat Céline Dion mittlerweile jedoch auch diese letzte Bastion genommen.

Ungewöhnlicherweise sind es zwei Kanadierinnen, Céline Dion und Alanis Morisette, die derzeit zusammen mit Shania Twain richtig abräumen: Im Jahr 1996 waren von weltweit 617 Millionen verkauften Platten allein 50 Millionen von den drei Superfrauen. Céline Dion hat im Laufe ihrer Karriere insgesamt 70 Millionen Alben abgesetzt, davon 3 Millionen im vergangenen Jahr in Deutschland.

Bereits im Dezember 1997, am Beginn des *Titanic*-Erfolgs, blickte sie schon wieder in die Zukunft:

»Ich promote noch das neue Album, und dann nehme ich mir mindestens ein halbes Jahr frei. Wer weiß, vielleicht wird es ja sogar eine Babypause.«

Denn lieber als auf Tour zu gehen und auf der Bühne zu stehen – ihr liebstes Kind im Showbiz – würde sie sich um ein Baby kümmern. Erst im April dieses Jahres wies Céline Dion darauf hin, daß die Zukunftspläne und -hoffnungen sich besonders auf den einen Wunsch richten: endlich Mutter zu werden.

»Als ich angefangen habe zu singen, da war es mein Traum, mein ganzes Leben lang zu singen. Heute ist mein Leben nicht mehr das Singen. Es ist einer meiner Träume. Aber stellen Sie sich vor, alles, was ich habe, ist meine Karriere, und morgen passiert irgend etwas – ich verliere meine Stimme, ich kann nicht mehr singen, alles ist vorbei. Was würde passieren? Würde ich mich umbringen? Werde ich die ganze Zeit heulen? Nein. Mein Leben bedeutet, gesund und glücklich zu sein, und ich hätte wahnsinnig gern Kinder. Ich werde nicht versuchen, vierzehn zu bekommen, aber ich hätte gern ein oder zwei oder mehrere Kinder.«

Im Dezember 1996 war es erstmals soweit: Céline Dion kündigte eine ausgiebige Babypause an. Nun richtete sich Dions ganzer Ehrgeiz auf einen für sie neuen Bereich, das private Glück. Mit Ende Zwanzig fühlte sie sich nicht mehr allein ihrer langjährigen Karriere hingegeben, sondern wollte sich den anderen Traum erfüllen – mit ihrem Ehemann René Angélil ein Kind zu haben:

»Jede Frau hat tief in ihrem Herzen den Wunsch, Kinder zu haben. Ich auch. Ich kann Ihnen ein Geheimnis verraten: Wir probieren's mit voller Kraft – und es wird nicht nur eines sein.«

Die Diva war voller Zuversicht. Doch es klappte nicht. Nicht in jenem Jahr, nicht im folgenden. Ihre Ehe litt unter der Belastung. Schließlich unterzog sich René Angélil im Januar 1997 sogar einer besonderen Diät in einem Spezialkrankenhaus, die helfen sollte, die anhaltende Kinderlosigkeit zu beenden.

Doch persönliche Erschütterungen fielen in die beruflich so erfolgreiche Zeit: Am Abend des 25. März 1997 starb Renés Mutter im Alter von 82 Jahren. Das Gleichgewicht der sensiblen Sängerin war noch nicht ganz wieder hergestellt, da traf sie am 6. April die Nachricht von einem leichten Herzinfarkt ihrer eigenen Mutter ins Mark. Die Mutter ist das »persönliche Idol« der Diva und wohl auch ihre engste Vertraute, denn die täglichen Telefonate führen die beiden noch immer. Erst vor drei Jahren hatte man Thérèse Dion einen dreifachen Bypass gelegt. Jetzt war sie in das St. Eustache Krankenhaus in Montréal eingeliefert worden. Céline Dion, die den Verlust eines geliebten Menschen immer als größte persönliche Katastrophe begriffen hat, bangte um die Hauptperson der Familie.

Bis heute ist Céline Dion selbst nicht Mutter geworden. Und der Streßpegel in ihrem Leben müßte wohl auch noch um ein Vielfaches sinken, um überhaupt die körperlichen und psychischen Voraussetzungen für eine Schwangerschaft zu schaffen. Denn bereits die erste angekündigte Arbeitspause brachte zwar eine gewisse Einschränkung von Terminen und Belastungen, doch Konzerte gab die Unermüdliche trotzdem, und auch im Studio stand die Arbeit nie ganz still. Von einer Auszeit konnte wirklich nicht die Rede sein. Aus dem später geplanten, ausgedehnten Urlaub wurden – großzügig gerechnet – knapp zwei Wochen!

»Alle wollten, daß ich komme und singe. Da konnte ich nicht nein sagen.«

Noch immer hegt Céline Dion ihren Wunsch, doch sie ist ohne den Anspruch auf Erfüllung. Die Erfahrung der letzten Jahre war bitter, aber undankbar oder unzufrieden sein, ist nicht ihre Art:

»Falls es klappt, wäre es der aufregendste Moment in unserem Leben, das ist sicher. Und wenn es nicht klappt, klappt es nicht. Ich kann nicht gierig sein und sagen ›Ich will dies, ich will das‹. Man kann nicht alles haben.«

So geht auch in diesem Jahr der Erfolg wieder vor: Noch für diesen Sommer ist eine große Nordamerika-Tournee geplant, sie soll im August in Boston starten und die Diva des Pop bis Ende Oktober auf Trab halten. Die Pause wurde um mindestens drei Monate verschoben.

Die Tournee mit neunzehn Stationen wird in diesem Jahr vom Telefonhersteller Ericsson gesponsert. Das ist werbewirksam für die Firma und finanziell vorteilhaft für Céline Dion. Denn gerade die großen Tourneen kosten häufig mehr, als sie einbringen. So hat es sich mittlerweile durchgesetzt, mit Hilfe eines Sponsors die Endbilanz nicht nur in den schwarzen Zahlen zu halten, sondern um ein Vielfaches zu verbessern. Bei der Rockgruppe U2 beispielsweise veränderte sich der Gewinn drastisch von 3 Millionen auf über 100 Millionen Dollar – ein Erfolg, den wohl niemand einfach vom Tisch fegt.

Céline Dion selbst befindet sich voll in den Vorbereitungen. Sie schont bereits ihre Stimme und kommuniziert wie immer schweigend, allerdings mit einem neuen System:

»An meinen freien Tagen rede ich nicht, ich gebe Klopfzeichen.«

Einen zusätzlichen Auftritt in Europa wird sich Céline Dion in diesem Jahr bestimmt nicht entgehen lassen: Am 9. Juni trifft sie beim diesjährigen »Pavarotti & Friends«-Konzert ihren Lieblingssänger Stevie Wonder und eine ihrer Lieblingssängerinnen, Natalie Cole. Außerdem werden Jon Bon Jovi, die Spice Girls, Eros Ramazotti, Trish Yearwood and the Coors erwartet. Die von dem italienischen Startenor initiierte Benefiz-Veranstaltung findet zum dritten Mal in seiner Heimatstadt, dem schönen Modena, statt. Die Gewinne des Konzerts sollen auch in diesem Jahr Kindern in Kriegsgebieten helfen. Sie fließen an die Organisation »War Child«. Besonderen Anreiz für Céline Dion dürfte das Erscheinen des Regisseurs Spike Lee bieten, der mit der Kamera an der Veranstaltung teilnehmen wird – etwas mehr als nur ein Hauch von Hollywood und vielleicht auch das Näherrücken von Céline Dions nächstem Traum!

Denn spätestens seit ihrem ersten Auftritt in der kanadischen TV-Serie *Des fleurs sur la neige* 1991 regt sich der Traum Céline Dions, einmal bei einer großen Hollywood-Produktion mitzuwirken, und zwar nicht als Sängerin, sondern auf der Leinwand. Ungeachtet ihres tagesfüllenden Programms befaßt sie sich ernsthaft mit Überlegungen zu einer zweiten Karriere als Schauspielerin. Nicht weil ihr die erste langweilig würde, im Gegenteil, sondern weil die beiden Bereiche für sie eng miteinander verknüpft sind:

»Das einzige, was ich gemacht habe – und zwar nur für's französische Fernsehen in Kanada –, war die Hauptrolle in einer vierteiligen Mini-Serie. Das ist inzwischen Jahre her. Es handelte von einer wahren Begebenheit: die Geschichte eines Mädchens, das von seinen Eltern geschlagen und mißhandelt wurde. Ich habe das Mädchen getroffen, das echte Mädchen, und habe mit ihr gearbeitet. Es war sehr spannend. Eine Sängerin ist wie eine Schauspielerin, für mich ist jedes Lied wie ein kleiner Film. Durch diese Mini-Serie habe ich eine Menge gelernt. Und ich hatte das Gefühl, daß meine Karriere, mein Leben erfüllt war. Singen und spielen, beides gehört zusammen. Es ist eins, es ist dasselbe. Es war wie eine Erfüllung. Das Werk war vollbracht, zum ersten Mal. Ich hoffe, daß ich eines Tages der Schauspielerei mehr Zeit widmen kann.«

Mit welchem Schauspieler sie gern einmal in einem Film spielen würde, steht seit langem fest:

»Hach ... Tom Cruise! Ich finde ihn *phantastisch*! Außerdem wäre da Sean Connery, der ist auch nicht schlecht, und Paul Newman.«

Ihr Traum hat in den letzten Jahren an Gestalt gewonnen, und Dion bemüht sich seit geraumer Zeit um entsprechende Zugeständnisse. Ihr Mann und Manager René Angélil war schon Ende 1996 mit diversen Produktionsfirmen in Hollywood im Gespräch, insgesamt vier Filmprojekte wurden verhandelt. Es war sogar

kurze Zeit die Rede von einer Zusammenarbeit mit Gérard Dépardieu. Weitere Verhandlungen führte Angélil mit amerikanischen Studios. Damals kündigte Céline Dions Ehemann ihre Filmpremiere für 1998/99 an. Doch vor dem Jahr 2000 wird aus diesen Plänen wohl nichts werden, denn Dions Arbeitspensum hat mittlerweile ohnehin die Grenzen des Machbaren erreicht.

Kritische Stimmen meinten zudem, Céline Dion habe kein sonderliches Talent zur Schauspielerei, und man riet ihr, die Finger davon zu lassen. Das Interesse in Hollywood erlahmte. Doch eine andere Überzeugung gewinnt inzwischen die Oberhand: Insider schlugen alle Zweifel an Céline Dions Fähigkeit, sich als Schauspielerin zu behaupten, in den Wind. Denn selbst wenn sie nicht übermäßig talentiert sein sollte, so die Mutmaßung, ist diese Frau, bei allem, was sie anfaßt, von einem derartigen Ehrgeiz beseelt, daß sie auch in ein Filmvorhaben ihre ganze Energie und ihren gesamten Perfektionismus hineinlegen würde und das Projekt unweigerlich zum Erfolg führen müßte.

Einen Film über sich selbst allerdings möchte sie noch nicht machen, auch wenn sie sich eines Tages darüber freuen würde:

»Aber nicht jetzt! Ein Film wäre wirklich schön, wenn jene, die ihn machen, eine Menge Material haben und mich gut genug kennen, um sich ein gutes Urteil zu bilden! Allerdings fände ich es schön, wenn das erst passierte, wenn ich 45 oder 50 bin, nicht vorher ...!«

Vorher würde sie lieber ihre Version des amerikanischen Traums erzählen. Bereits vor Jahren sprach sie von der Idee, ihr eigenes Buch zu schreiben, ihre ganz private Biographie jenseits des öffentlichen Betriebs:

»Mein Lieblingsbuch ist ein Buch, das ich selber schreiben werde. Eines Tages. Ein Buch, das über alles berichten wird, was in meinem Leben passiert ist, allerdings nicht über das Geschäftliche, sondern über die Innenseite, sozusagen über die Dinge hinter der Bühne, nicht auf der Bühne. Über mein privates Leben und meine Familie, bevor ich bekannt wurde. Ich würde gern mehr über diese Dinge erzählen.«

Dazu ist sie bislang nicht gekommen, und es wird wohl auch noch eine ganze Weile dauern, bis die Diva Ruhe und Zeit findet, um sich diesen Wunsch zu erfüllen. Bis dahin steht sie als diejenige im Rampenlicht, als die Medienmacher und Publikum sie wahrnehmen, auch in Deutschland, wo sie noch vor einigen Jahren als Geheimtip galt. Damit ist es inzwischen endgültig vorbei – zur großen Zufriedenheit der Künstlerin.

»Früher mußte ich von Tür zu Tür gehen, die Klinken putzen und fragen: ›Würden Sie mir bitte einen Song schreiben?‹ – Und heute wollen die Leute mit mir zusammenarbeiten.«

Dion erzählt diese Episoden nie gänzlich ohne die Erinnerung an vergangene Kränkungen. Gleichzeitig präsentiert sie voller Stolz und manchmal mit einiger Arroganz ihren Erfolg und ihre herausragende Rolle im Pop-Geschäft.

Vor einem Jahr blickte sie zurück:

»Ich bin sehr, sehr glücklich. Ich habe Ende '94 geheiratet, mein Leben ist rundum ausgefüllt. Mein Selbstvertrauen ist gewachsen und ich glaube, das hört man. Ich weiß heute viel genauer, was ich will.«

Während sich diese Veränderungen für Céline Dion positiv darstellen, mehren sich die Klagen von Journalisten, Radioleuten und sogar ihren Managern. Der Megastar sei schwierig, launisch und zuweilen geradezu zickig. Die als »Diva ohne Allüren« vom Publikum so verehrte Königin des Pop wirkt bei ihren Auftritten zwar noch immer sympathisch und entspannt, doch ihr Ruf beim Personal hinter den Kulissen ist angeschlagen.

Bislang allerdings noch nicht so sehr wie der einiger Kolleginnen: Whitney Houston beispielsweise ist schon lange als Furie verschrien, die zwischen Garderobe und Bühne herumbrüllt. Bei einer Zeremonie anläßlich einer Preisverleihung hatte sie mehrfach die ihr zugeteilten Serviererinnen wegen deren unluxuriöser Garderobe barsch zusammengestaucht. Dagegen galt Céline Dion bisher als mustergültig im Umgang mit Presse, Publikum und Fußvolk. Doch auch sie bewegt sich nur noch mit muskelbepackten Bodyguards im Gefolge, die ohne Zimperlichkeiten den Weg zwischen Bühne und Garderobe für sie freiräumen. Und die Frage nach ihrer größten Schwäche wollte die Sängerin schon im vergangenen Jahr – inzwischen ganz Diva – nicht mehr beantworten.

Selbst anläßlich der Oscar-Verleihung schrieb nunmehr das Magazin *Gala*, Dion habe doch reichlich »verzickt« gewirkt. Ein Mitarbeiter des deutschen Dion-Managements bemerkte etwas vorlaut: »Reden? Mit der? Die spricht nicht mal mit *uns*.« Vielleicht hatte der gestreßte Mann jedoch nicht bedacht, daß sich die Diva gerade auf Tournee befand und deshalb ihre Stimme schonte.

Natürlich hat es eine Perfektionistin wie Céline Dion mit ihrer Umwelt nicht leicht, einer Umwelt, die überall den Makel des »ungenügend« trägt. Und ihre Umwelt hat es nicht immer ganz leicht mit einem Star, der sich selbst alles – und das nur in Perfektion – abverlangt und diesen Maßstab als den einzig gültigen betrachtet.

Doch viel schwerer als persönliche Diskrepanzen und unterschiedliche Arbeitsauffassungen wiegt die ständige Überlastung der Sängerin, obwohl sie in fast jedem Interview betont, wie gut es ihr gehe und wie glücklich sie sei. Dabei verliert sie seit Jahren kontinuierlich an Gewicht, gilt als leicht reizbar und konnte sich den seit Jahren geäußerten Wunsch nach einem Kind bis heute nicht erfüllen. Immer wieder kündigte sie Unterbrechungen an, Pausen, die sie machen wollte, um endlich einmal auszuruhen. Jahre, die sie aussetzen wollte, um schwanger zu werden. Nie wurde wirklich etwas aus diesen Plänen. Selbst in den Monaten, in denen sie sich eigentlich aus der Öffentlichkeit zurückgezogen hatte, reiste sie zu Preisverleihungen, machte Plattenaufnahmen und gab Konzerte. Ihr Ruhe-Pensum enthält immer noch mehr Projekte, als das gesamte Arbeitspensum mancher anderer Künstler. Und das seit nunmehr fast achtzehn Jahren.

So mehrten sich in den letzten Monaten die Stimmen von Insidern, die sich ernsthafte Sorgen machen und der allzeit perfekten Fassade mißtrauen:

»Sie opfert ihre Gesundheit und womöglich ihr Leben für ihre Karriere. Jeder, der mit Céline zu tun hat, macht sich große Sorgen um sie. Sie hatte nie die Möglichkeit, ihre Jugend oder auch ihre Karriere zu genießen.«

Obwohl Dion die Einschätzung teilt, daß sie gewissermaßen losgelöst von ihrer Karriere agiere, so bestritt sie jedoch bislang alle Spekulationen über den Verlust ihrer Kindheit oder über die übertriebene Opferbereitschaft für ihre Karriere:

»Ich glaube, daß kein Opfer groß genug wäre! Aber wenn ich mein Leben, meine Gesundheit, meine Familie oder meinen Mann opfern müßte für meine Karriere, dann würde ich ohne Zweifel meine Karriere aufgeben, nicht um meine Fans zu verlassen, sondern um zu leben!«

Inwiefern sie tatsächlich das eigene Leben lebt, oder ob es sich nicht doch um eine Version handelt, die Ehemann René Angélil für sie vorgesehen hat, das kann letztendlich nur sie selbst beurteilen. Ein Insider jedenfalls ließ verlauten:

»Sie ist die hundertprozentige Kreation ihres Managers René Angélil und vollkommen abhängig von diesem Mann. Er hat ihr Englisch eingepaukt, er hat ihr die Zähne neu machen lassen, er hat ihr vorgeschrieben, welche Klamotten sie zu tragen habe, und er hat ihr Image umgemodelt.«

Vielleicht würde Céline Dion dieser Aussage nicht einmal widersprechen. Sie selbst betont, daß René Angélil der Stratege ist, der Vermarkter, der Image-Maker, der ihr zuweilen sogar sagt, was in einem Interview Thema sein darf und worüber besser nicht gesprochen werden sollte. Und das gehört nun einmal zum Geschäft.

In einem Projekt, in dem das Image-Thema eine völlig untergeordnete Rolle spielte, machte die Diva eine wirklich gute Figur: Zusammen mit Bibo und den Monstern der *Sesamstraße* feierte Céline Dion auf einem speziellen Album, *Elmopalooza*, den 30. Geburtstag der Kindersendung. Die Aufnahme erschien im März in Kanada und in den USA. Die beiden Stars teilen nicht nur das gleiche Geburtsjahr, sondern genießen ähnlichen internationalen Ruhm. Sie haben sich jedoch prächtig verstanden, von Konkurrenzdruck keine Spur …

Am 13. März erschien in Europa die Gemeinschaftsproduktion *In my life* unter der Regie von Beatles-Produzent Sir George Martin mit Cover-Versionen einschlägiger Hits der Pilzköpfe. Nicht nur die Schauspielerin Goldie Hawn und Phil Collins waren dabei, auch Céline Dion durfte nicht fehlen. Ihr persönlicher Beatles-Song: »Here, there and everywhere«.

Während diese Alben gerade erschienen sind, ist ein weiteres in Arbeit. Céline Dion ist derzeit in Paris, um wieder ein französischsprachiges Album aufzunehmen. Auch diesmal entsteht es in enger Zusammenarbeit mit Jean-Jacques Goldman, der erneut für Dion geschrieben hat und das Album produzieren wird. Es soll gegen Jahresende erscheinen.

Außerdem feierte Céline Dion am 30. März ihren 30. Geburtstag und weihte offiziell ihr neues Haus in Florida ein. Während der Bauarbeiten 1997 ist sie häufig selbst durch den ausgedehnten Rohbau gestapft, hat sich über die Fortschritte der über hundert Arbeiter erkundigt und die Umsetzung ihrer und René Angélils Pläne auf der riesenhaften Baustelle verfolgt. Jetzt ist das Haus fertig, die Eheleute konnten einziehen.

Das Domizil steht in Jupiter Island, einem der reichsten Vor-

orte von Palm Beach. Die ganze Gegend ist abgeriegelt und für den Publikumsverkehr nicht zugänglich. In direkter Nachbarschaft wohnen Céline Dions Lieblingsschauspieler Tom Cruise und seine Frau Nicole Kidman. Und auch der ausgemusterte amerikanische Baseball-Star von den Philadelphia Phillies, Mike Schmidt, residiert in Jupiter Island.

Über den Kaufpreis gibt es selbstverständlich keine offiziellen Angaben, doch es ist die Rede von 10 Millionen kanadischen Dollar, die das Anwesen gekostet haben soll – ein »Schnäppchen« für diese Gegend, wie Kenner der Immobilienbranche schwören!

Das Haus mißt eine Fläche von fast 1800 m^2. Es soll 63 Fernsehgeräte beherbergen, inklusive einer Videowand, die sich aus 24 Bildschirmen zusammensetzt.

René und Céline wohnen in gegenüberliegenden Flügeln des Hauses, nicht etwa weil die Ehe in einer Krise steckt, sondern weil die Tagesrhythmen der beiden so unterschiedlich sind, daß sie voneinander getrennte Bereiche zum konzentrierten Arbeiten brauchen. René startet seinen Tag bereits um sechs Uhr morgens mit Telefonaten und Terminen, während Céline Dion die Nachtstunden viel zu sehr genießt, um sie zu verschlafen:

»Ich liebe es, wenn es draußen dunkel wird. Schlafenszeit, Mitternacht, da fange ich erst richtig an zu leben. Ich habe lieber Sterne draußen. Ich liebe es, spät schlafen zu gehen und spät aufzustehen.«

Und auch ihren liebsten Freizeitbeschäftigungen kann Céline Dion dort ungestört nachgehen. Das heißt: »Singen.«

Und: »Ein großes Kaminfeuer machen und ganz romantisch sein, mit Kerzen und meinem Mann. Es sich gutgehen lassen und einfach genießen.«

Oder die Badewanne vollaufen lassen und untertauchen:

»Ich liebe Wasser, ich liebe es, zu baden mit Schaum und allem. Und ich genieße es, das Wasser bis zum Hals stehen zu haben – hmmm – eine Stunde lang in der Badewanne.«

Und wenn sie draußen nicht gerade ihren Lieblingssport betreibt und Wasserski fährt oder Golf spielt, dann geht die Diva shoppen. Ein weiterer Sport für sie, denn sie kauft nicht einfach ein, sondern macht »Power-Shopping«, wie sie es unlängst nannte. Mehr als 400 Paar Schuhe besitzt die Einkaufswütige, wieviele es jedoch genau sind, konnte sie selbst nicht sagen. Aber wie ihr Einkaufszug vonstatten geht, beschreibt sie genau. Er verläuft nach einem klaren Schema:

»Ich kaufe die Schuhe, und dann kaufe ich etwas Passendes, um es zu den Schuhen zu tragen. Manche Leute mögen Wein, manche Leute mögen Schokolade. Wir alle haben etwas, das wir sehr mögen. Und bei mir sind das nun mal Schuhe und Stiefel. Ich bin verrückt nach Schuhen, sehr verrückt. Das ist wie eine Verwandlung. Man trägt ein spezielles Paar Schuhe, und man denkt anders, man geht anders. Jeder Schuh hat etwas Besonderes.«

Ihr Schuhtick – unter Frauen generell sehr beliebt – ist ihre persönliche Form der Sucht, die die passionierte Nichtraucherin und Verweigerin jeglicher Drogen sich gönnt, an der sie Spaß hat und die nachweislich keine gesundheitlichen Schäden verursacht.

»Schuhe und Klamotten, ich gebe mein ganzes Geld für solches Zeug aus.«

»Ich rauche nicht, ich trinke nicht, und ich nehme keine Drogen. Ich versuche, meine Eltern zu verwöhnen, Parties zu geben, Geschenke für meine Brüder und Schwestern, Neffen und Nichten zu kaufen. Aber die Schuhe sind das Verrückteste! Wenn ich in einen Schuhladen komme, kaufe ich mindestens zehn Paare. Es ist Wahnsinn! Ich habe sogar schon welche gekauft, die ich noch gar nicht getragen habe. Ich glaube, falls ich eines Tages ein Kind haben sollte, dann werde ich völlig ausflippen!«

Sie wird nicht nur weiter Power-Shoppen, sondern auch sich selbst vermarkten. In nächster Zukunft wird es wieder neue Marketingstrategien geben. Bislang wurde die Diva mit den Marken Chrysler, Diet Coke und seit 1994 der traditionsreichen Handelsgesellschaft Hudson Bay Company, assoziiert. Demnächst wird sie sich ganz von ihrer Schokoladenseite zeigen: Sie hat ihren Namen für eine Schokoladenmarke hergegeben, die noch in diesem Jahr auf den Markt kommen soll. – Das war sie ihrer Liebe zu »Profiteroles« wohl schuldig!

Auch das Unterwäsche-Gütesiegel »Céline Dion« konnte sich ein Dessous-Fabrikant sichern. Allerdings kam es offenbar zu Uneinigkeiten über die Auslegung des Vertrags. Der kanadische Unternehmer Carl Legault klagt derzeit auf 2,8 Millionen Dollar Schadensersatz gegen die Diva und Ehemann René. Er hatte zugunsten der Entwicklung der neuen Marke seinen Job als Vizepräsident eines kanadischen Textilunternehmens gekündigt und stellte dann fest, daß Dion an Sonys Vermarktungsrichtlinien gebunden ist. Als Model für seine in Teilen bereits produzierte Wäsche wird die superschlanke Dion wohl kaum noch zur Verfügung stehen – was ohnehin kaum Teil des Vertrags gewesen sein dürfte.

Bei allem geschäftlichen Ärger und professionellen Betrieb, mit ihrem privaten Leben und ihrem persönlichen Erfolg ist Céline Dion mehr als zufrieden:

»Wenn ich alles noch einmal tun müßte, noch einmal von vorn, ich würde nicht ein Detail verändern. Ich bin so glücklich, ich bin gesund – ich klopf' auf Holz! – und ich bin sehr, sehr zufrieden mit dem Leben, das ich habe. Es geht mir sehr, sehr gut. Also würde ich nichts verändern.«

Die Diva blickt nach vorn. Das Vergangene ist ihr wichtig, aber das Morgen ist die Zukunft. Und im einzelnen befaßt hat sie sich mit ihrem Erfolg ohnehin nicht:

»Ich wußte alles, was ich erreicht habe, wirklich zu schätzen.

Ich habe es vollkommen genossen; ich will nicht zurückblicken. Ich erwarte eine Menge von mir in der Zukunft. Und ich glaube nicht, daß es mir möglich wäre, einen Moment auszuwählen, den ich noch einmal erleben wollte.«

Was für sie zählt, ist die Zufriedenheit mit den Dingen der Gegenwart, Gesundheit und Glück. Und trotz aller Träume und offenen Wünsche wollte die im *Who is who* geführte Sängerin nie jemand anders sein:

»Ich habe alles, was ich möchte, alles, was ich brauche, und sogar mehr! Ich habe Menschen um mich, die ich liebe, und ich bin mit mir zufrieden ... Nein, ich würde niemand anders sein wollen.«

Vielleicht hätte sie tatsächlich die Gelassenheit und stille Zuversicht, die sie sich für den Fall ausmalte, daß etwas komplett Außergewöhnliches passiert, noch außergewöhnlicher als ihre Karriere. In diesem Fall – und nur in diesem – wollte sie ganz auf ihre Stimme verzichten:

»Wenn hier in diesem Augenblick ein UFO landen würde, ich glaube, dann würde ich lächeln. Kein Wort sagen. Denn vielleicht verstehen die Besucher nichts. Also werde ich lächeln ...«

Ullstein Buchverlage GmbH & Co. KG,
Berlin
Taschenbuchnummer: 35817

Juni 1998
Originalausgabe

Mit freundlicher Unterstützung von
the break©

Umschlaggestaltung: Vera Bauer
Foto: Corbis/INTER-Topics

Satz und Lithos: LVD GmbH, Berlin
Druck und Bindung:
Clausen & Bosse, Leck
Printed in Germany 1998

ISBN 3-548-35817-9

Bildnachweise:
Action Press: S. 12, 29, 34, 39, 58, 99, 117.
INTER-Topics: S. 16, 23, 46, 49, 65, 96.
Ullstein Bilderdienst: S. 4, 53, 61, 69, 82, 91, 119, 129, 135.
Columbia/Sony: S. 77, 87, 105, 113.

Gedruckt auf alterungsbeständigem Papier
mit chlorfrei gebleichtem Zellstoff.